AF450098

¿Cuánto sabes de la Liga Mexicana? © Fútbol Rocks, 2023

¿CUÁNTO SABES
de la
LIGA
MEXICANA?

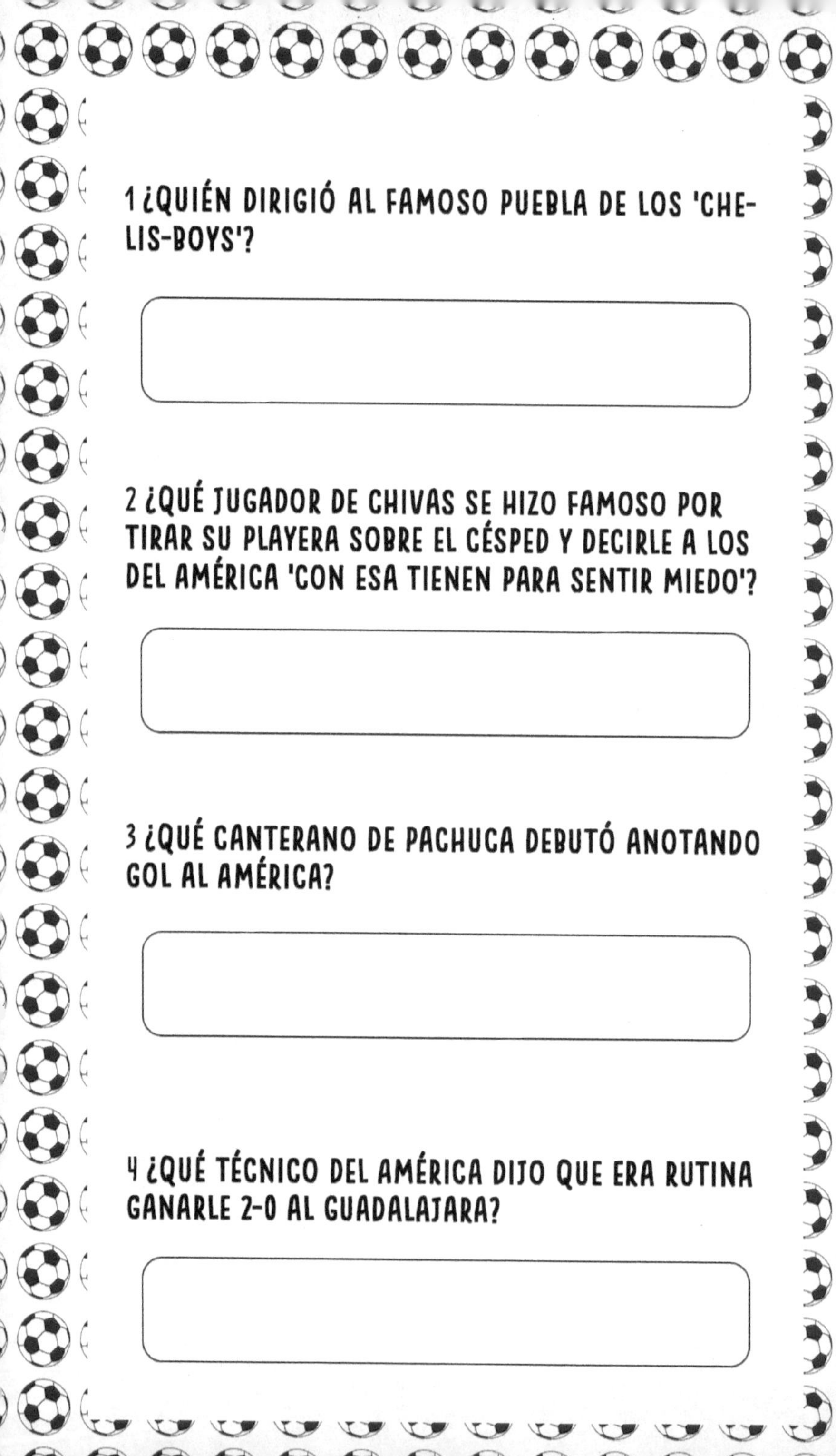

1 ¿QUIÉN DIRIGIÓ AL FAMOSO PUEBLA DE LOS 'CHE-LIS-BOYS'?

2 ¿QUÉ JUGADOR DE CHIVAS SE HIZO FAMOSO POR TIRAR SU PLAYERA SOBRE EL CÉSPED Y DECIRLE A LOS DEL AMÉRICA 'CON ESA TIENEN PARA SENTIR MIEDO'?

3 ¿QUÉ CANTERANO DE PACHUCA DEBUTÓ ANOTANDO GOL AL AMÉRICA?

4 ¿QUÉ TÉCNICO DEL AMÉRICA DIJO QUE ERA RUTINA GANARLE 2-0 AL GUADALAJARA?

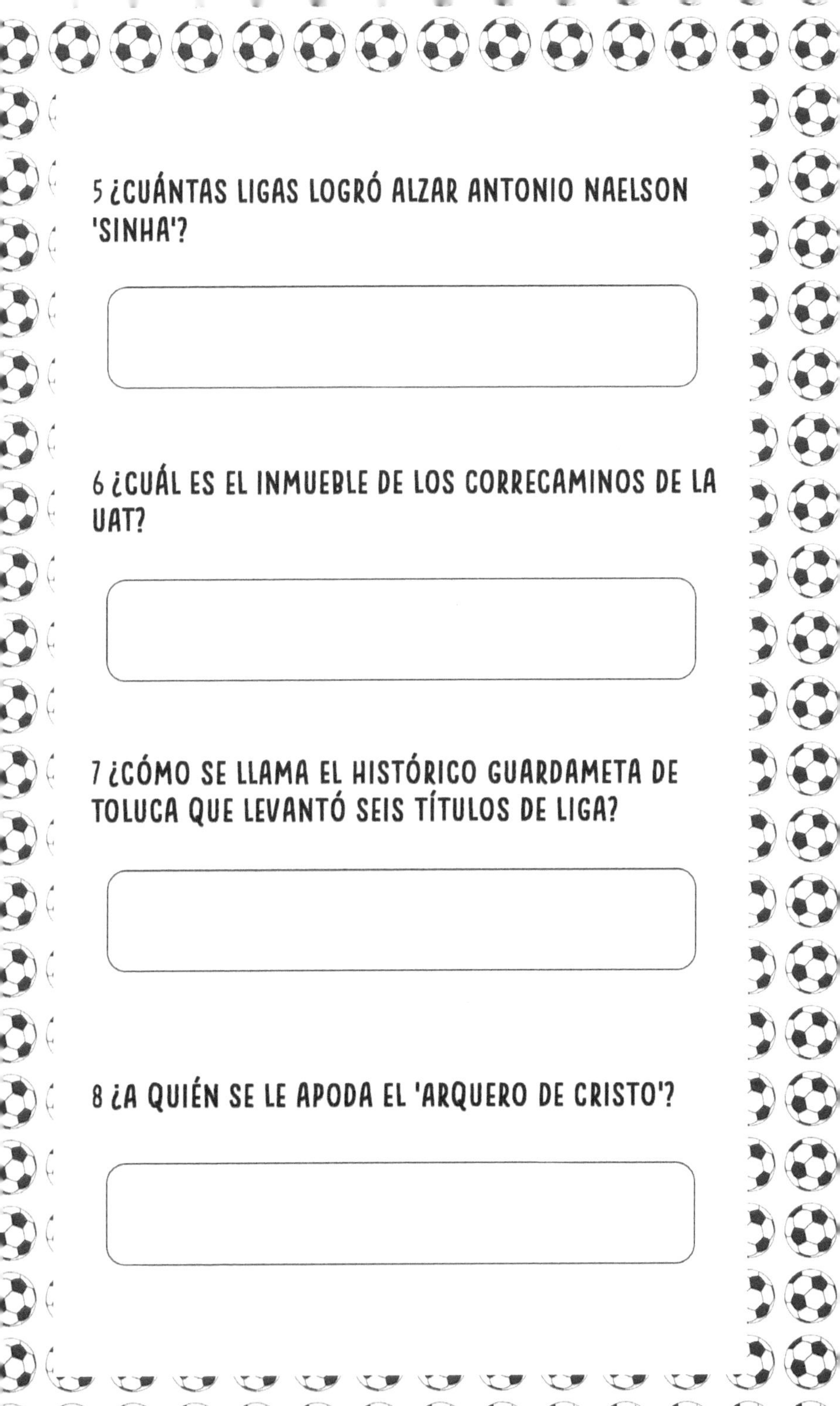

5 ¿CUÁNTAS LIGAS LOGRÓ ALZAR ANTONIO NAELSON 'SINHA'?

6 ¿CUÁL ES EL INMUEBLE DE LOS CORRECAMINOS DE LA UAT?

7 ¿CÓMO SE LLAMA EL HISTÓRICO GUARDAMETA DE TOLUCA QUE LEVANTÓ SEIS TÍTULOS DE LIGA?

8 ¿A QUIÉN SE LE APODA EL 'ARQUERO DE CRISTO'?

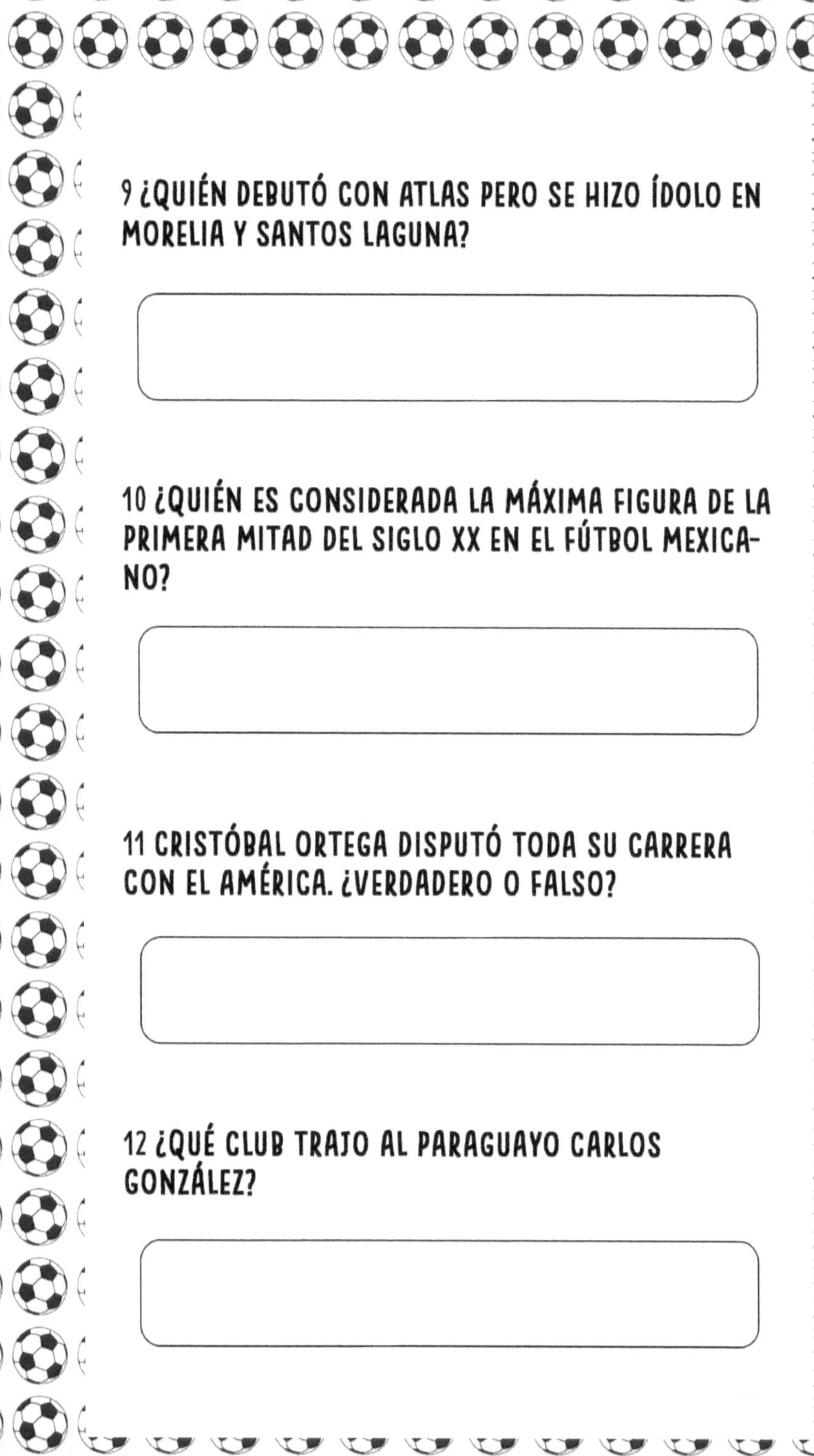

9 ¿QUIÉN DEBUTÓ CON ATLAS PERO SE HIZO ÍDOLO EN MORELIA Y SANTOS LAGUNA?

10 ¿QUIÉN ES CONSIDERADA LA MÁXIMA FIGURA DE LA PRIMERA MITAD DEL SIGLO XX EN EL FÚTBOL MEXICANO?

11 CRISTÓBAL ORTEGA DISPUTÓ TODA SU CARRERA CON EL AMÉRICA. ¿VERDADERO O FALSO?

12 ¿QUÉ CLUB TRAJO AL PARAGUAYO CARLOS GONZÁLEZ?

El fútbol

no se explica.

Es pasión.

Es aguante.

Es corazón.

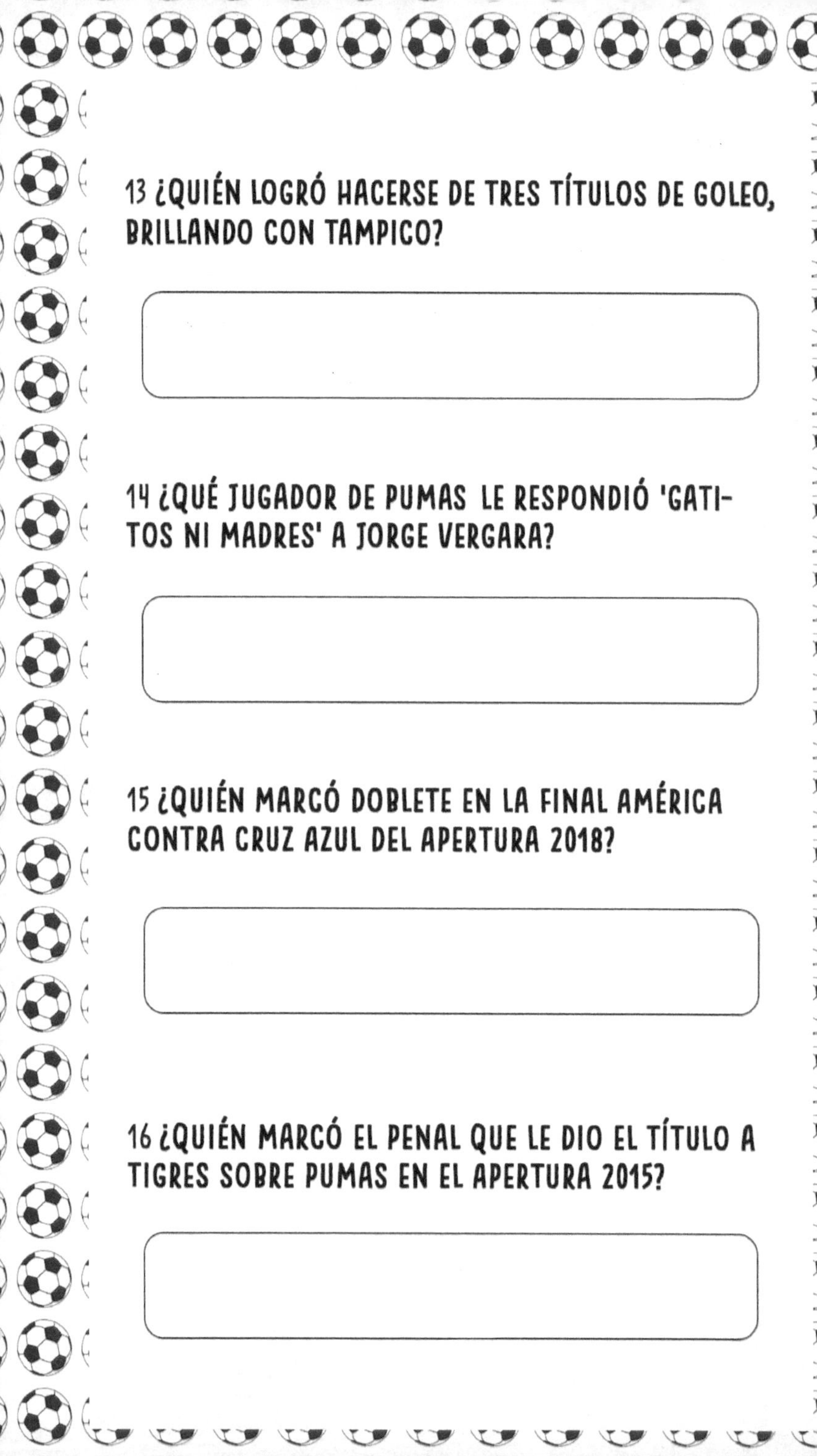

13 ¿QUIÉN LOGRÓ HACERSE DE TRES TÍTULOS DE GOLEO, BRILLANDO CON TAMPICO?

14 ¿QUÉ JUGADOR DE PUMAS LE RESPONDIÓ 'GATITOS NI MADRES' A JORGE VERGARA?

15 ¿QUIÉN MARCÓ DOBLETE EN LA FINAL AMÉRICA CONTRA CRUZ AZUL DEL APERTURA 2018?

16 ¿QUIÉN MARCÓ EL PENAL QUE LE DIO EL TÍTULO A TIGRES SOBRE PUMAS EN EL APERTURA 2015?

17 ¿CON QUÉ APODO SE CONOCÍA A RAMÓN RAMÍREZ, UNO DE LOS MEJORES CENTROCAMPISTAS EN LA HISTORIA DEL FÚTBOL MEXICANO?

18 ¿EN CUÁNTOS CLUBES DE MÉXICO JUGÓ EL URUGUAYO SEBASTIÁN ABREU?

19 ¿QUÉ DEFENSA ARGENTINO MUNDIALISTA VINO A MÉXICO PARA JUGAR CON LEÓN Y ATLAS?

20 ¿CUÁL FUE LA ÚLTIMA FRANQUICIA QUE VERACRUZ OBTUVO PARA MANTENERSE EN LA LIGA MX?

Mi gran amor, mi gran pasión, es el fútbol.

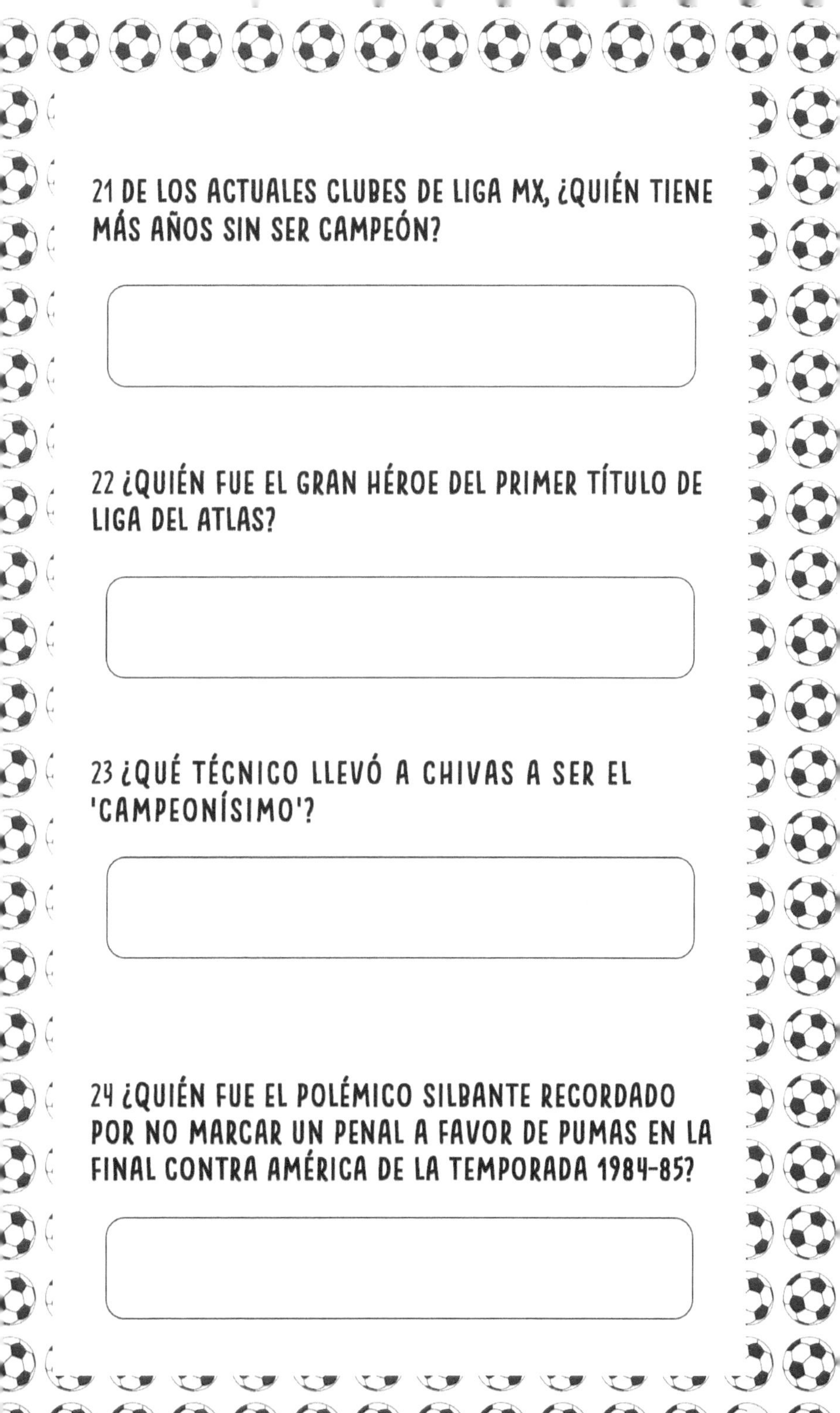

21 DE LOS ACTUALES CLUBES DE LIGA MX, ¿QUIÉN TIENE MÁS AÑOS SIN SER CAMPEÓN?

22 ¿QUIÉN FUE EL GRAN HÉROE DEL PRIMER TÍTULO DE LIGA DEL ATLAS?

23 ¿QUÉ TÉCNICO LLEVÓ A CHIVAS A SER EL 'CAMPEONÍSIMO'?

24 ¿QUIÉN FUE EL POLÉMICO SILBANTE RECORDADO POR NO MARCAR UN PENAL A FAVOR DE PUMAS EN LA FINAL CONTRA AMÉRICA DE LA TEMPORADA 1984-85?

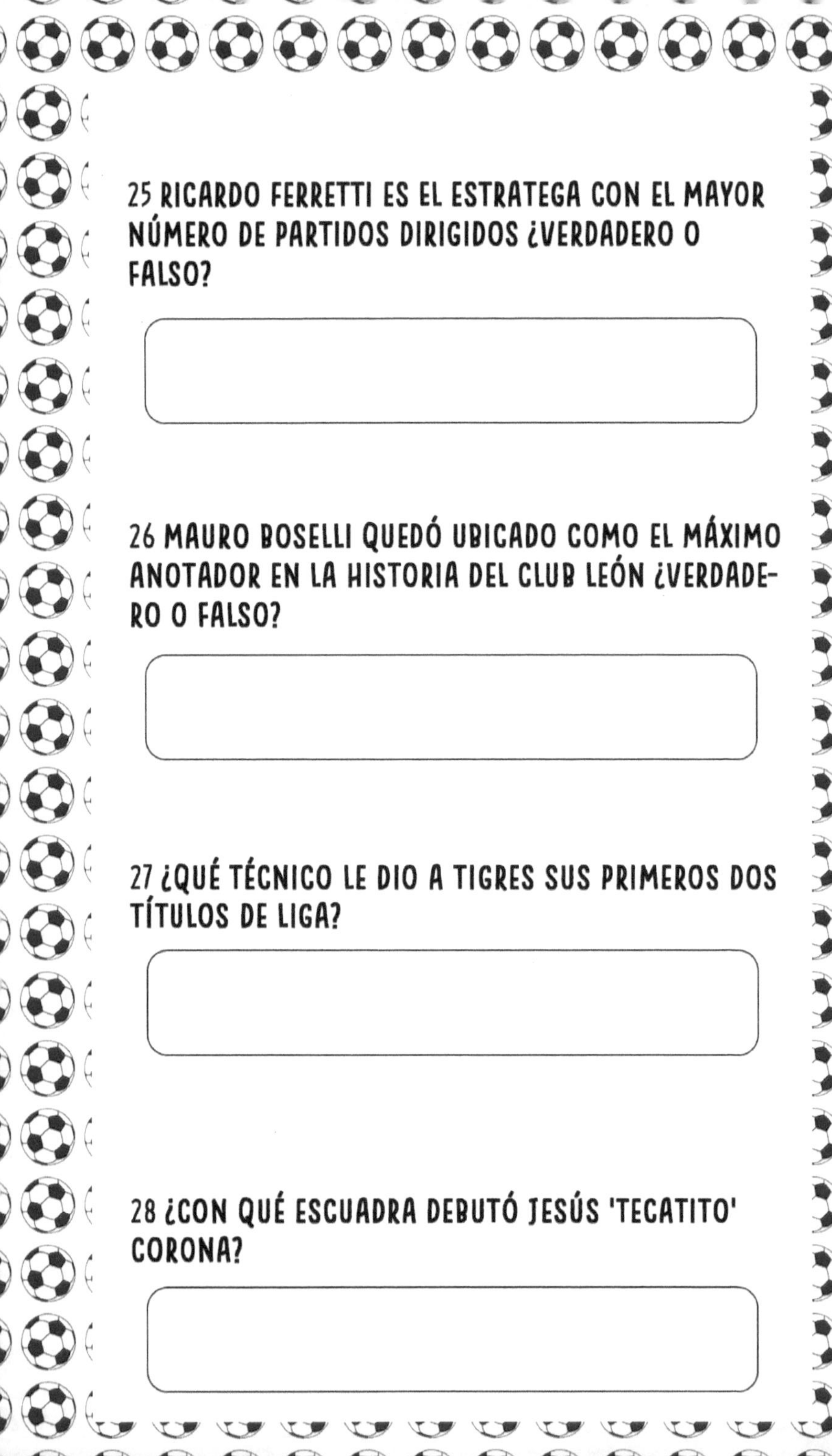

25 RICARDO FERRETTI ES EL ESTRATEGA CON EL MAYOR NÚMERO DE PARTIDOS DIRIGIDOS ¿VERDADERO O FALSO?

26 MAURO BOSELLI QUEDÓ UBICADO COMO EL MÁXIMO ANOTADOR EN LA HISTORIA DEL CLUB LEÓN ¿VERDADERO O FALSO?

27 ¿QUÉ TÉCNICO LE DIO A TIGRES SUS PRIMEROS DOS TÍTULOS DE LIGA?

28 ¿CON QUÉ ESCUADRA DEBUTÓ JESÚS 'TECATITO' CORONA?

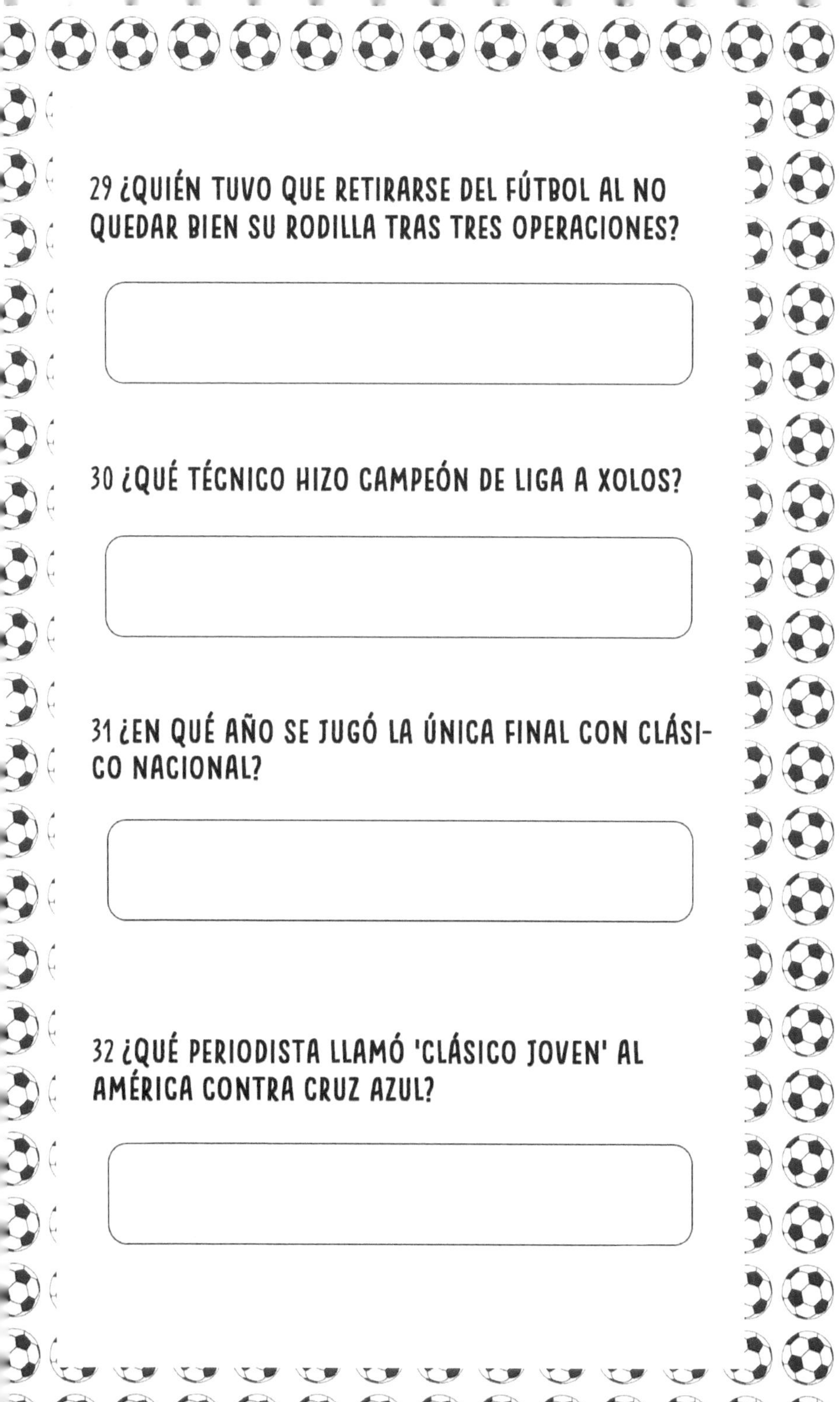

29 ¿QUIÉN TUVO QUE RETIRARSE DEL FÚTBOL AL NO QUEDAR BIEN SU RODILLA TRAS TRES OPERACIONES?

30 ¿QUÉ TÉCNICO HIZO CAMPEÓN DE LIGA A XOLOS?

31 ¿EN QUÉ AÑO SE JUGÓ LA ÚNICA FINAL CON CLÁSICO NACIONAL?

32 ¿QUÉ PERIODISTA LLAMÓ 'CLÁSICO JOVEN' AL AMÉRICA CONTRA CRUZ AZUL?

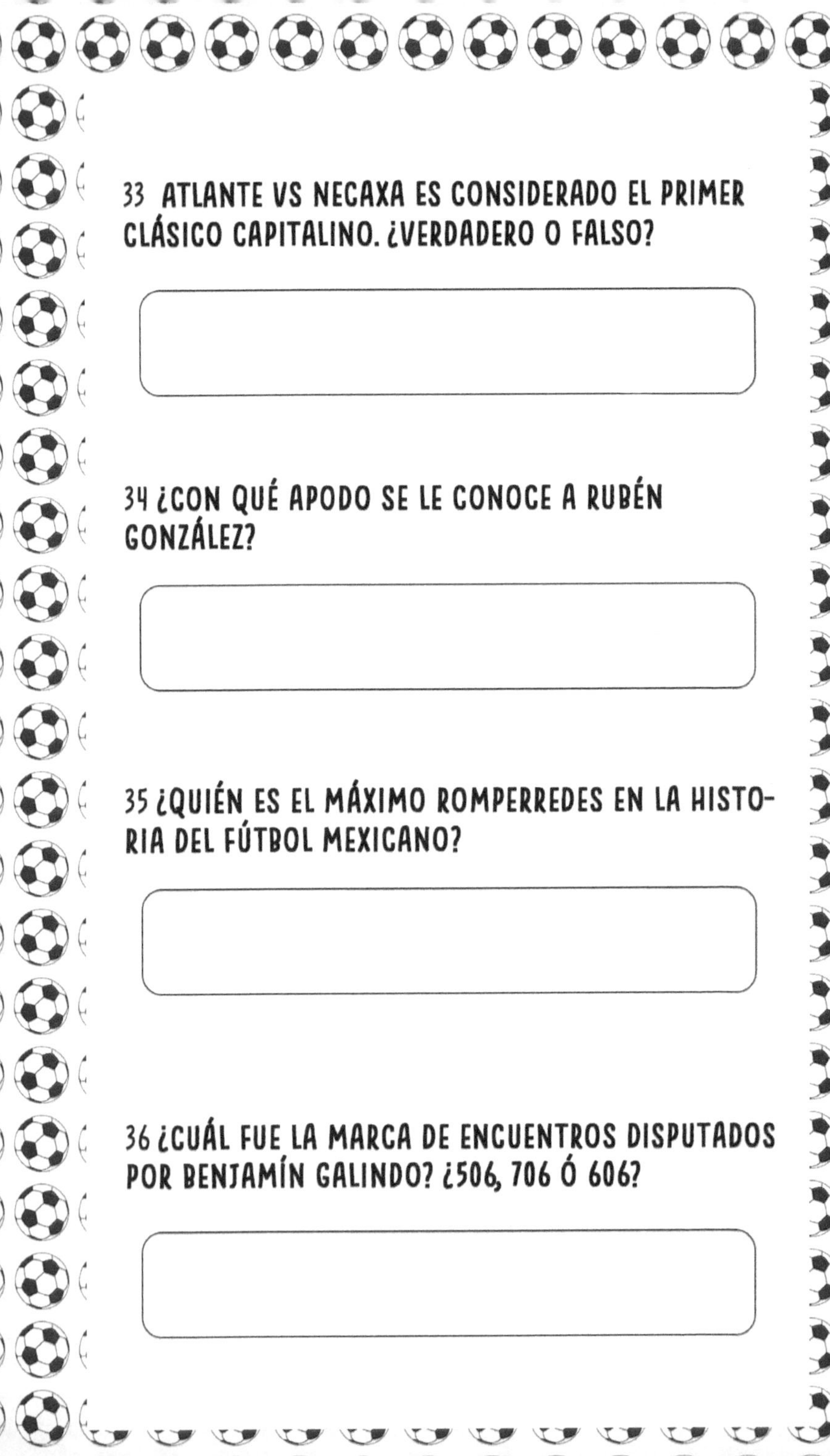

33 ATLANTE VS NECAXA ES CONSIDERADO EL PRIMER CLÁSICO CAPITALINO. ¿VERDADERO O FALSO?

34 ¿CON QUÉ APODO SE LE CONOCE A RUBÉN GONZÁLEZ?

35 ¿QUIÉN ES EL MÁXIMO ROMPERREDES EN LA HISTORIA DEL FÚTBOL MEXICANO?

36 ¿CUÁL FUE LA MARCA DE ENCUENTROS DISPUTADOS POR BENJAMÍN GALINDO? ¿506, 706 Ó 606?

37 ¿DE QUÉ EQUIPO ES LA ÚLTIMA CASACA QUE PORTÓ RODRIGO 'PONY' RUIZ?

38 ¿QUÉ CLUB TRAJO AL PARAGUAYO PABLO AGUILAR?

39 ¿EN QUÉ TEMPORADAS SE DIO EL TETRACAMPEONATO DE CHIVAS?

40 ¿QUÉ EQUIPO GANÓ EL PRIMER TORNEO CORTO DE LA LIGA MX?

En su vida,
una persona puede
cambiar de pareja,
de partido político
o de religión, pero
no puede cambiar
de equipo
de fútbol.

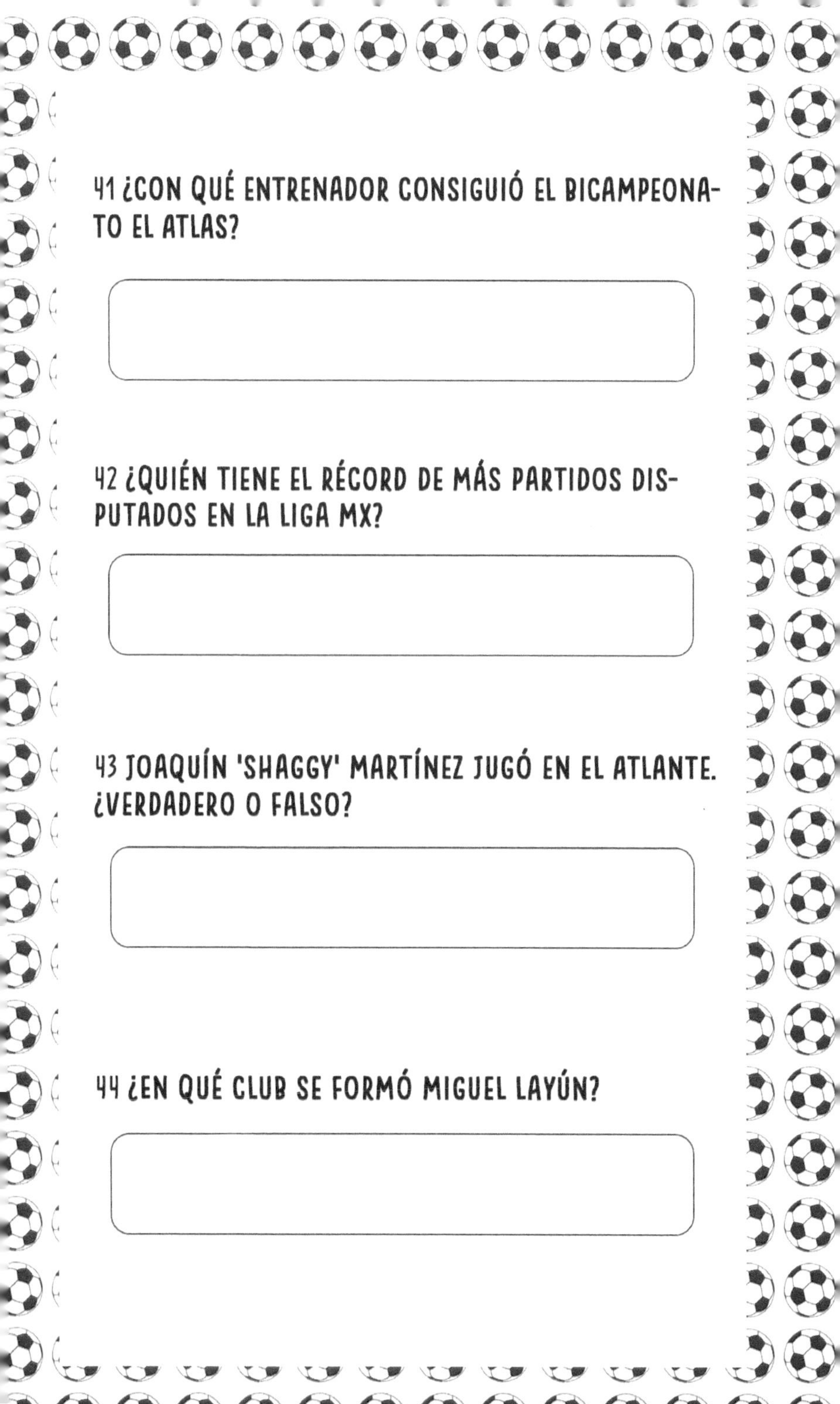

41 ¿CON QUÉ ENTRENADOR CONSIGUIÓ EL BICAMPEONATO EL ATLAS?

42 ¿QUIÉN TIENE EL RÉCORD DE MÁS PARTIDOS DISPUTADOS EN LA LIGA MX?

43 JOAQUÍN 'SHAGGY' MARTÍNEZ JUGÓ EN EL ATLANTE. ¿VERDADERO O FALSO?

44 ¿EN QUÉ CLUB SE FORMÓ MIGUEL LAYÚN?

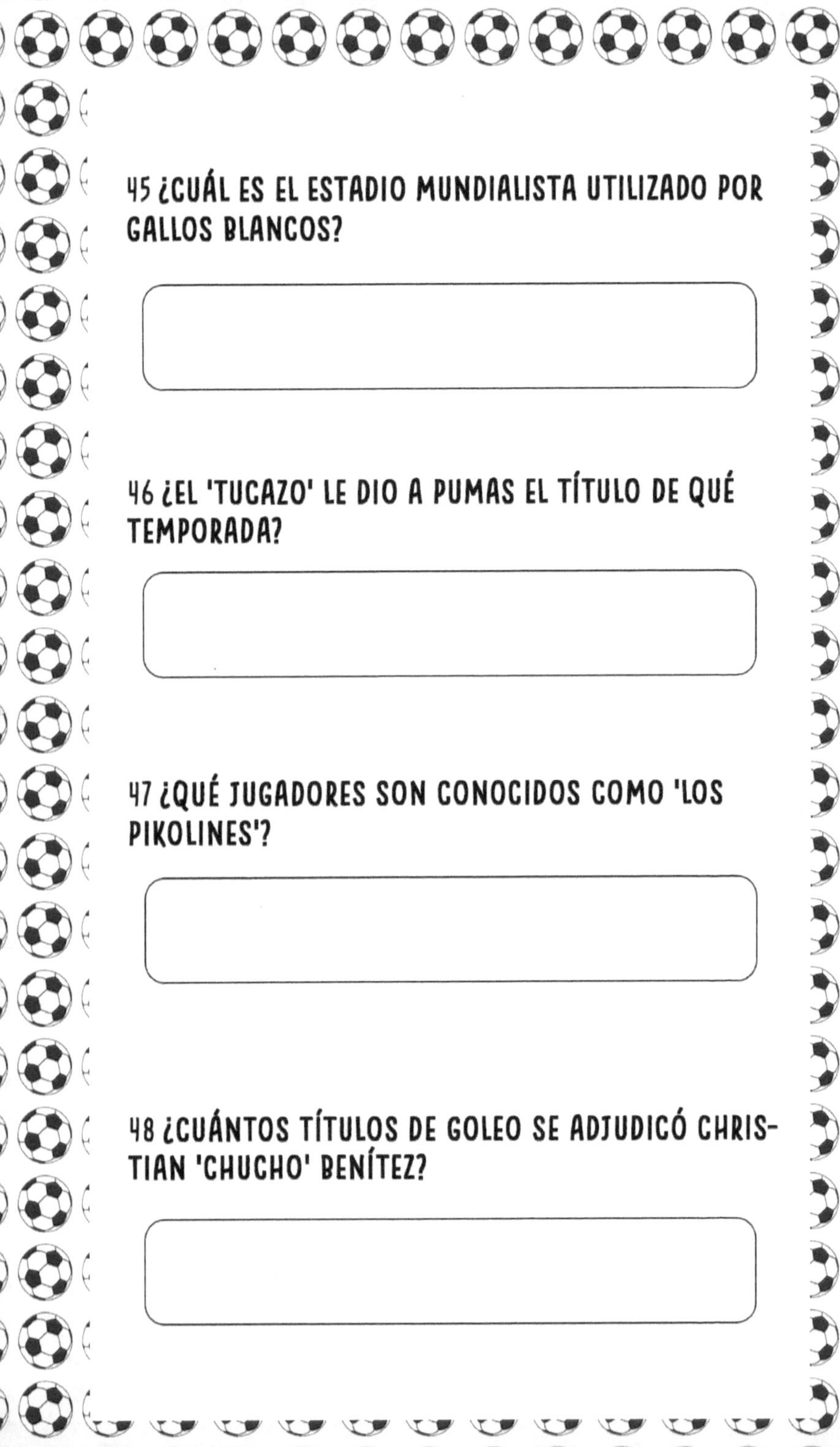

45 ¿CUÁL ES EL ESTADIO MUNDIALISTA UTILIZADO POR GALLOS BLANCOS?

46 ¿EL 'TUCAZO' LE DIO A PUMAS EL TÍTULO DE QUÉ TEMPORADA?

47 ¿QUÉ JUGADORES SON CONOCIDOS COMO 'LOS PIKOLINES'?

48 ¿CUÁNTOS TÍTULOS DE GOLEO SE ADJUDICÓ CHRISTIAN 'CHUCHO' BENÍTEZ?

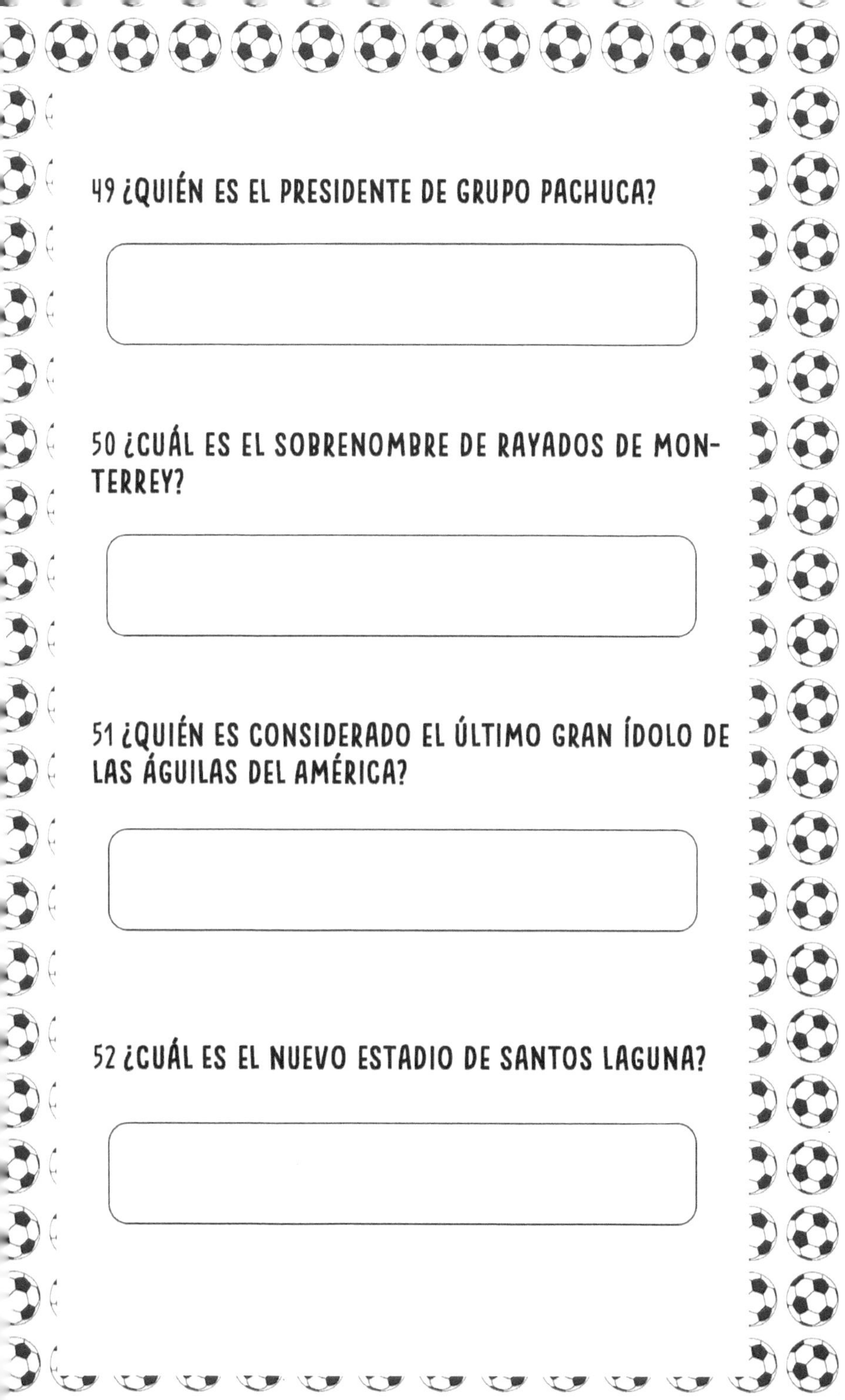

49 ¿QUIÉN ES EL PRESIDENTE DE GRUPO PACHUCA?

50 ¿CUÁL ES EL SOBRENOMBRE DE RAYADOS DE MONTERREY?

51 ¿QUIÉN ES CONSIDERADO EL ÚLTIMO GRAN ÍDOLO DE LAS ÁGUILAS DEL AMÉRICA?

52 ¿CUÁL ES EL NUEVO ESTADIO DE SANTOS LAGUNA?

Un verdadero campeón jamás se deja vencer por una simple derrota.

53 ¿QUÉ ESCUADRA SE ENCARGÓ DE DEBUTAR A MOISÉS MUÑOZ?

54 ¿QUIÉN ESTUVO NOMINADO AL PREMIO PUSKAS TRAS ANOTAR AL PUEBLA?

55 ¿EN QUÉ TEMPORADA CONQUISTÓ TIGRES SU PRIMER TÍTULO DE LIGA?

56 ¿QUÉ LATERAL SURGIÓ EN PACHUCA PERO SE VOLVIÓ ÍDOLO EN EL AMÉRICA?

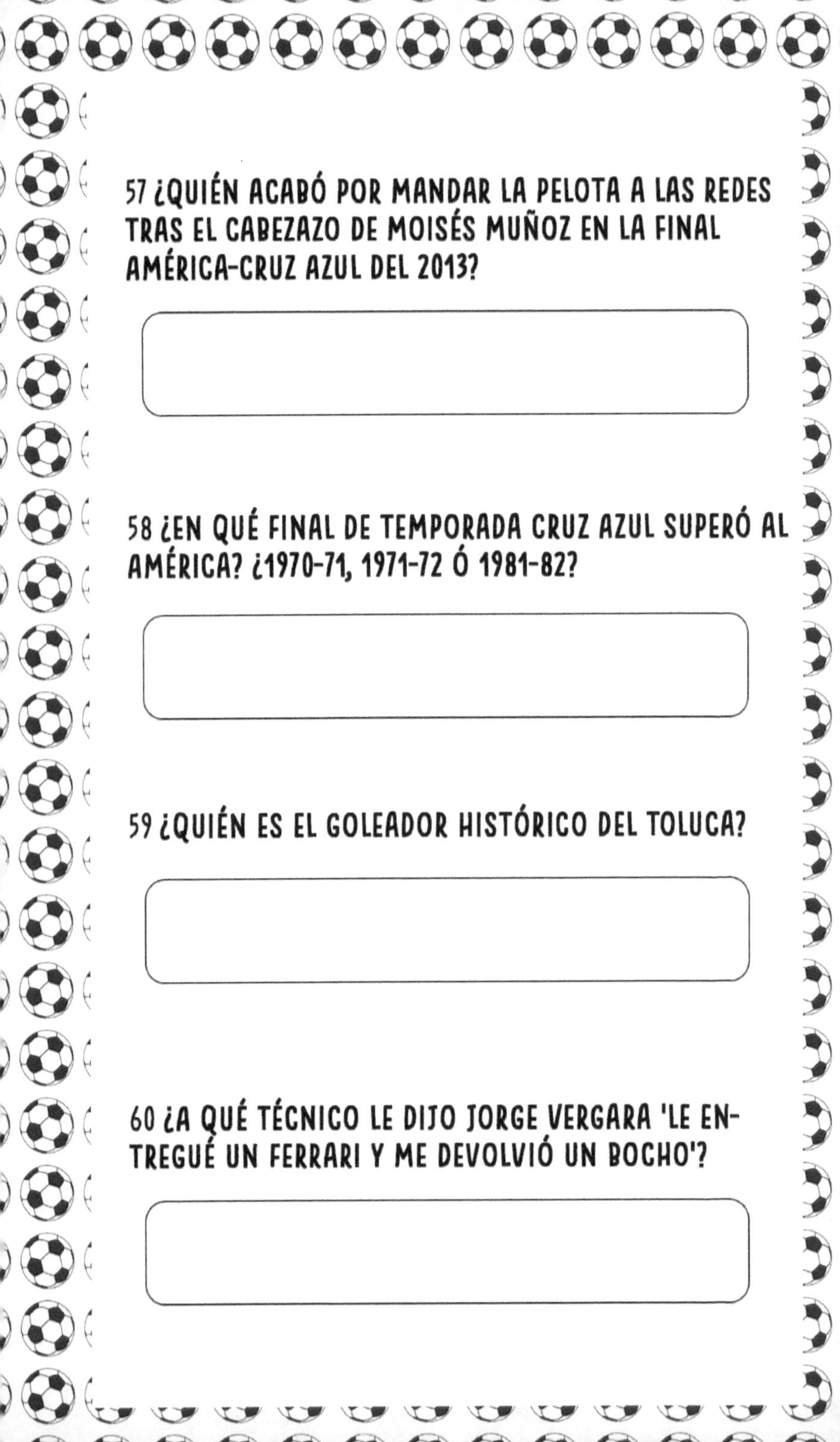

57 ¿QUIÉN ACABÓ POR MANDAR LA PELOTA A LAS REDES TRAS EL CABEZAZO DE MOISÉS MUÑOZ EN LA FINAL AMÉRICA-CRUZ AZUL DEL 2013?

58 ¿EN QUÉ FINAL DE TEMPORADA CRUZ AZUL SUPERÓ AL AMÉRICA? ¿1970-71, 1971-72 Ó 1981-82?

59 ¿QUIÉN ES EL GOLEADOR HISTÓRICO DEL TOLUCA?

60 ¿A QUÉ TÉCNICO LE DIJO JORGE VERGARA 'LE ENTREGUÉ UN FERRARI Y ME DEVOLVIÓ UN BOCHO'?

Quien no ama el fútbol jamás será capaz de entender la pasión inagotable que es capaz de desatar.

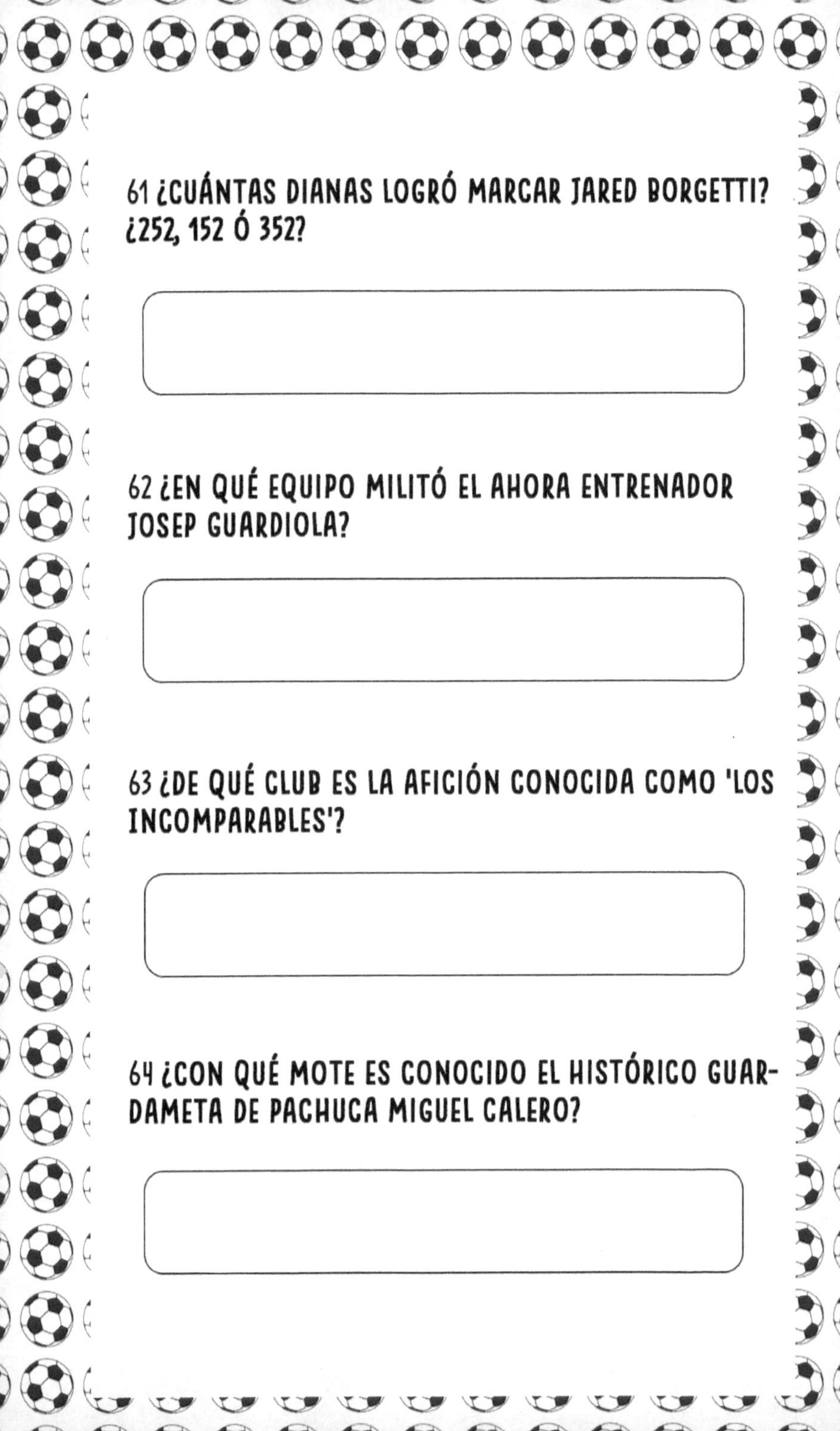

61 ¿CUÁNTAS DIANAS LOGRÓ MARCAR JARED BORGETTI? ¿252, 152 Ó 352?

62 ¿EN QUÉ EQUIPO MILITÓ EL AHORA ENTRENADOR JOSEP GUARDIOLA?

63 ¿DE QUÉ CLUB ES LA AFICIÓN CONOCIDA COMO 'LOS INCOMPARABLES'?

64 ¿CON QUÉ MOTE ES CONOCIDO EL HISTÓRICO GUAR-DAMETA DE PACHUCA MIGUEL CALERO?

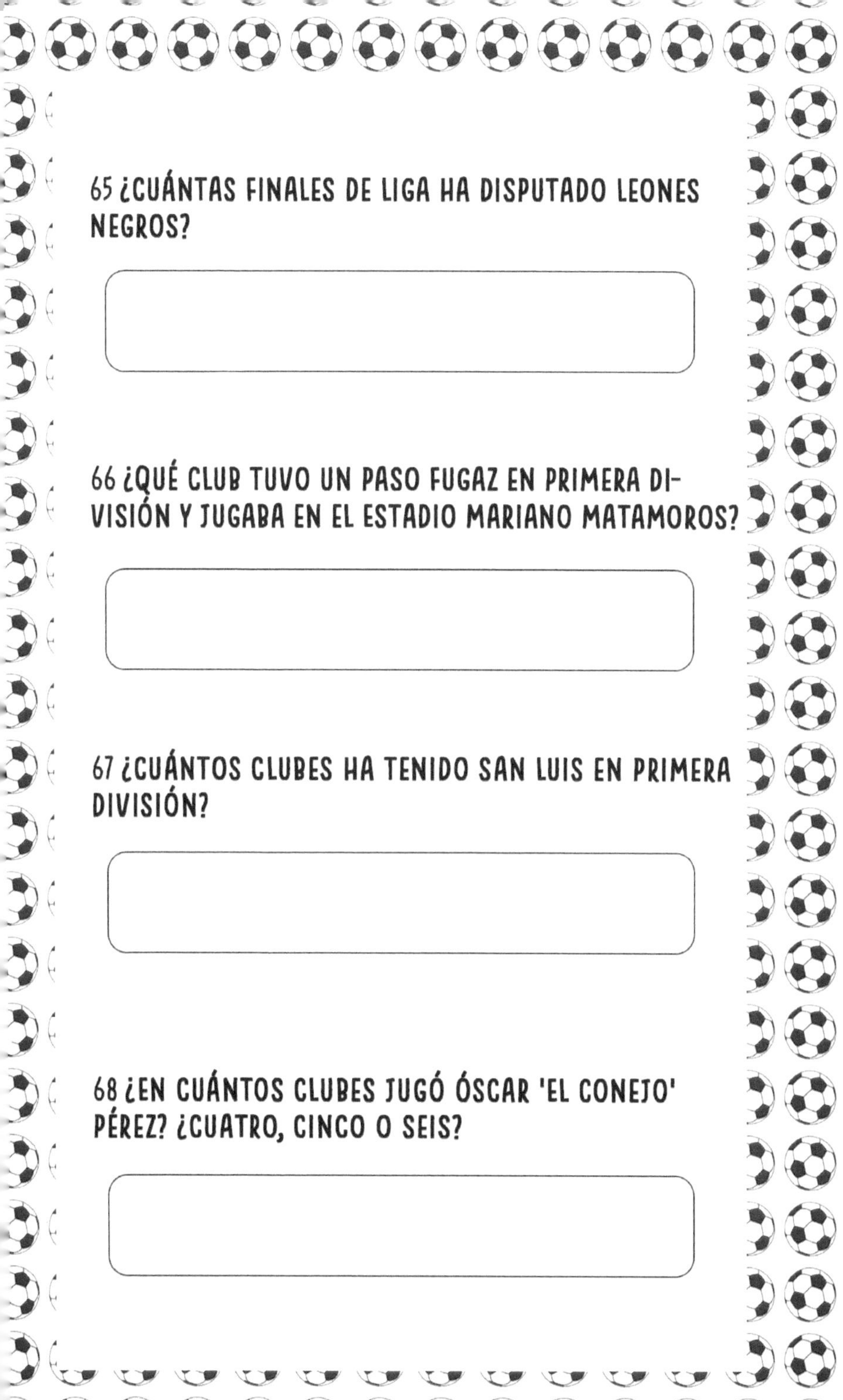

65 ¿CUÁNTAS FINALES DE LIGA HA DISPUTADO LEONES NEGROS?

66 ¿QUÉ CLUB TUVO UN PASO FUGAZ EN PRIMERA DIVISIÓN Y JUGABA EN EL ESTADIO MARIANO MATAMOROS?

67 ¿CUÁNTOS CLUBES HA TENIDO SAN LUIS EN PRIMERA DIVISIÓN?

68 ¿EN CUÁNTOS CLUBES JUGÓ ÓSCAR 'EL CONEJO' PÉREZ? ¿CUATRO, CINCO O SEIS?

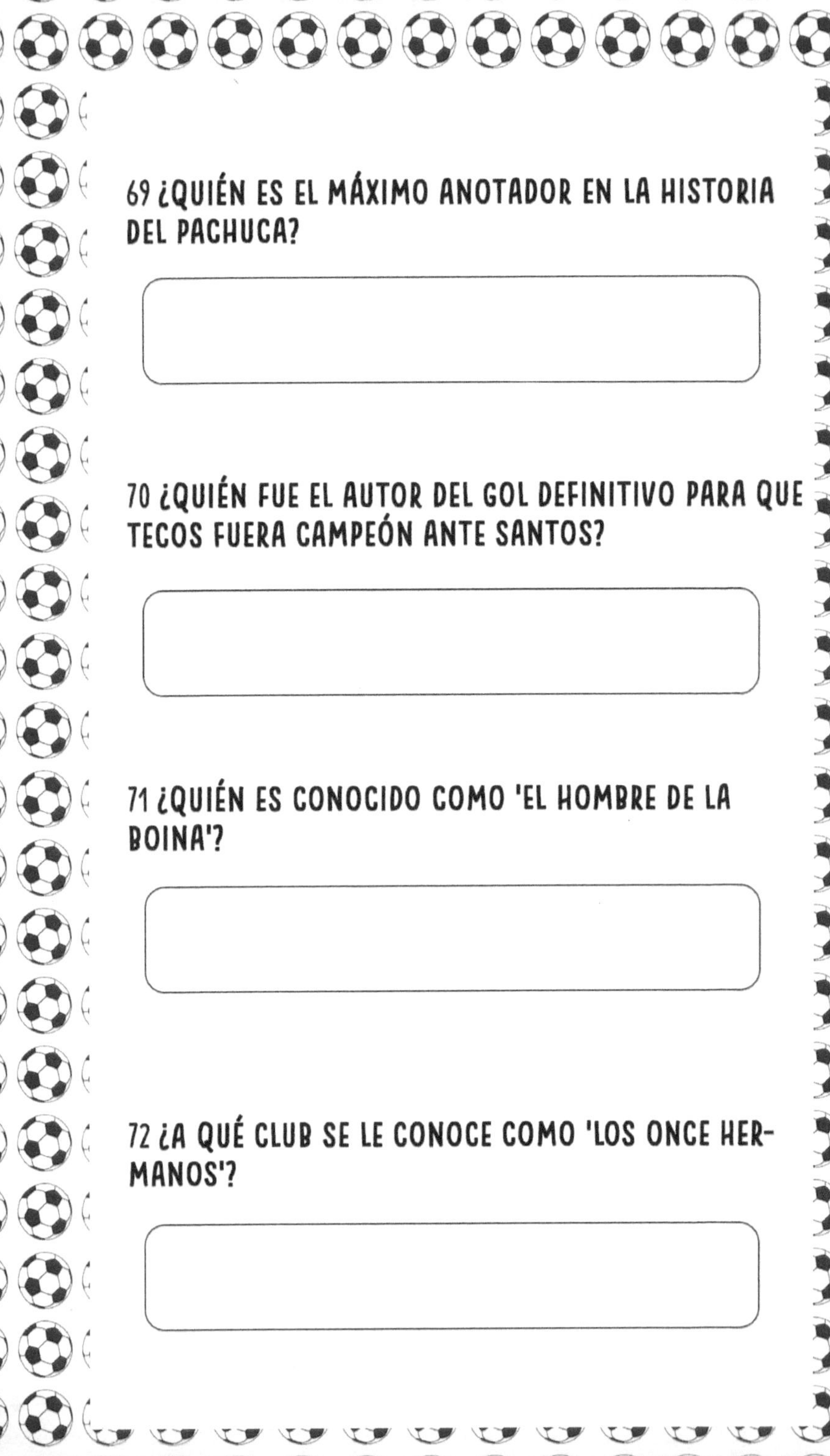

69 ¿QUIÉN ES EL MÁXIMO ANOTADOR EN LA HISTORIA DEL PACHUCA?

70 ¿QUIÉN FUE EL AUTOR DEL GOL DEFINITIVO PARA QUE TECOS FUERA CAMPEÓN ANTE SANTOS?

71 ¿QUIÉN ES CONOCIDO COMO 'EL HOMBRE DE LA BOINA'?

72 ¿A QUÉ CLUB SE LE CONOCE COMO 'LOS ONCE HER-MANOS'?

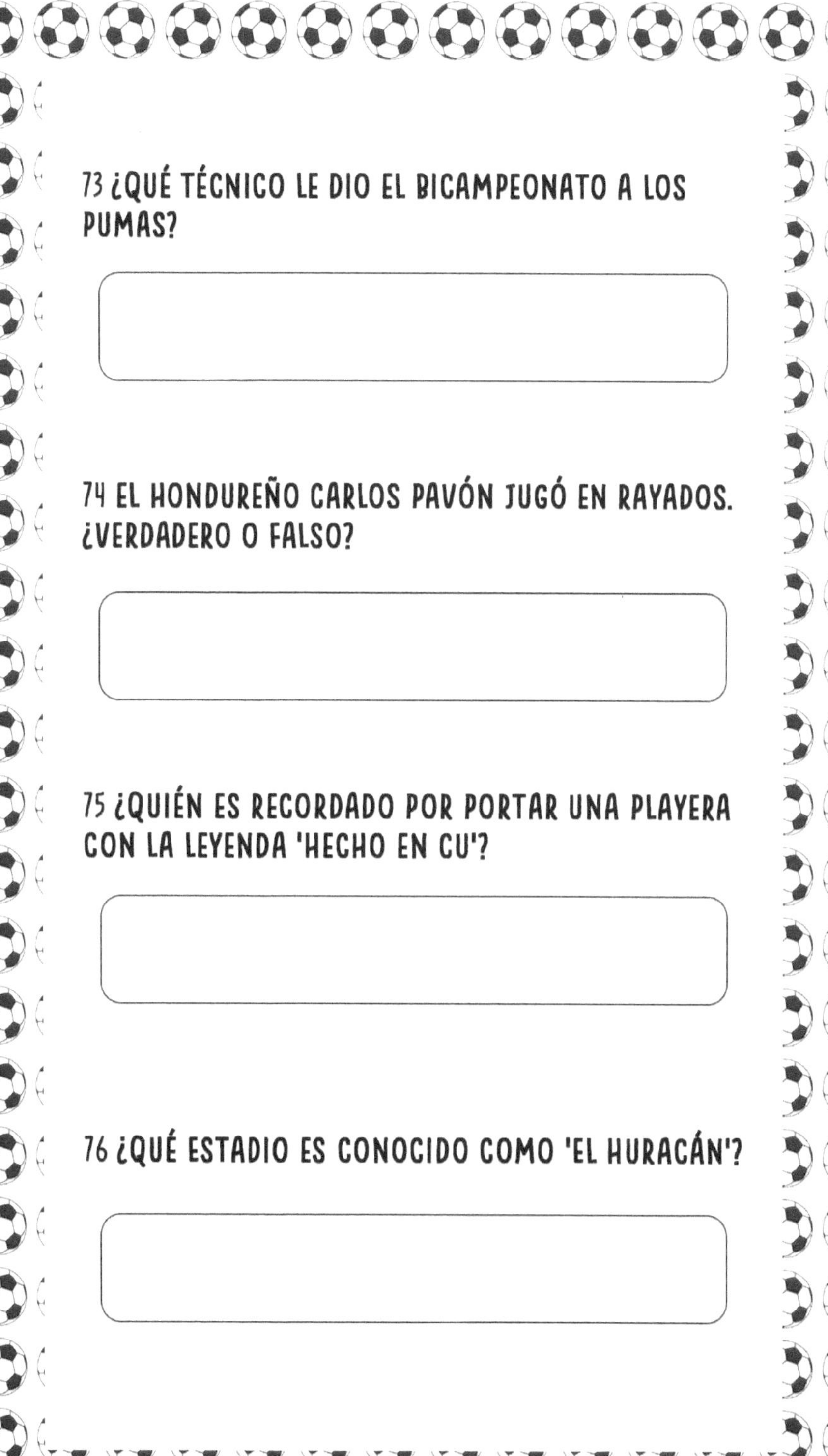

73 ¿QUÉ TÉCNICO LE DIO EL BICAMPEONATO A LOS PUMAS?

74 EL HONDUREÑO CARLOS PAVÓN JUGÓ EN RAYADOS. ¿VERDADERO O FALSO?

75 ¿QUIÉN ES RECORDADO POR PORTAR UNA PLAYERA CON LA LEYENDA 'HECHO EN CU'?

76 ¿QUÉ ESTADIO ES CONOCIDO COMO 'EL HURACÁN'?

El éxito
sin honor
es un
fracaso.

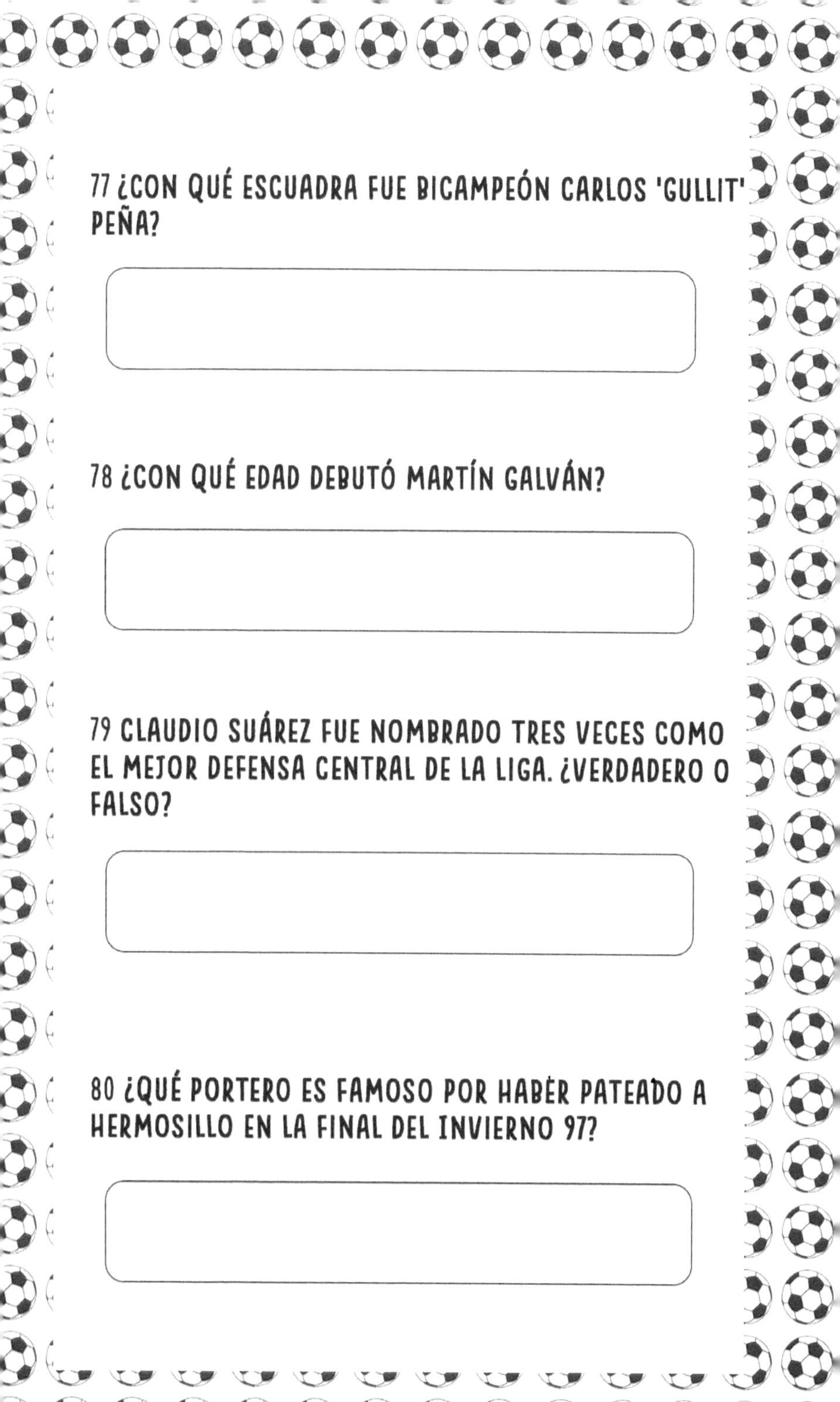

77 ¿CON QUÉ ESCUADRA FUE BICAMPEÓN CARLOS 'GULLIT' PEÑA?

78 ¿CON QUÉ EDAD DEBUTÓ MARTÍN GALVÁN?

79 CLAUDIO SUÁREZ FUE NOMBRADO TRES VECES COMO EL MEJOR DEFENSA CENTRAL DE LA LIGA. ¿VERDADERO O FALSO?

80 ¿QUÉ PORTERO ES FAMOSO POR HABER PATEADO A HERMOSILLO EN LA FINAL DEL INVIERNO 97?

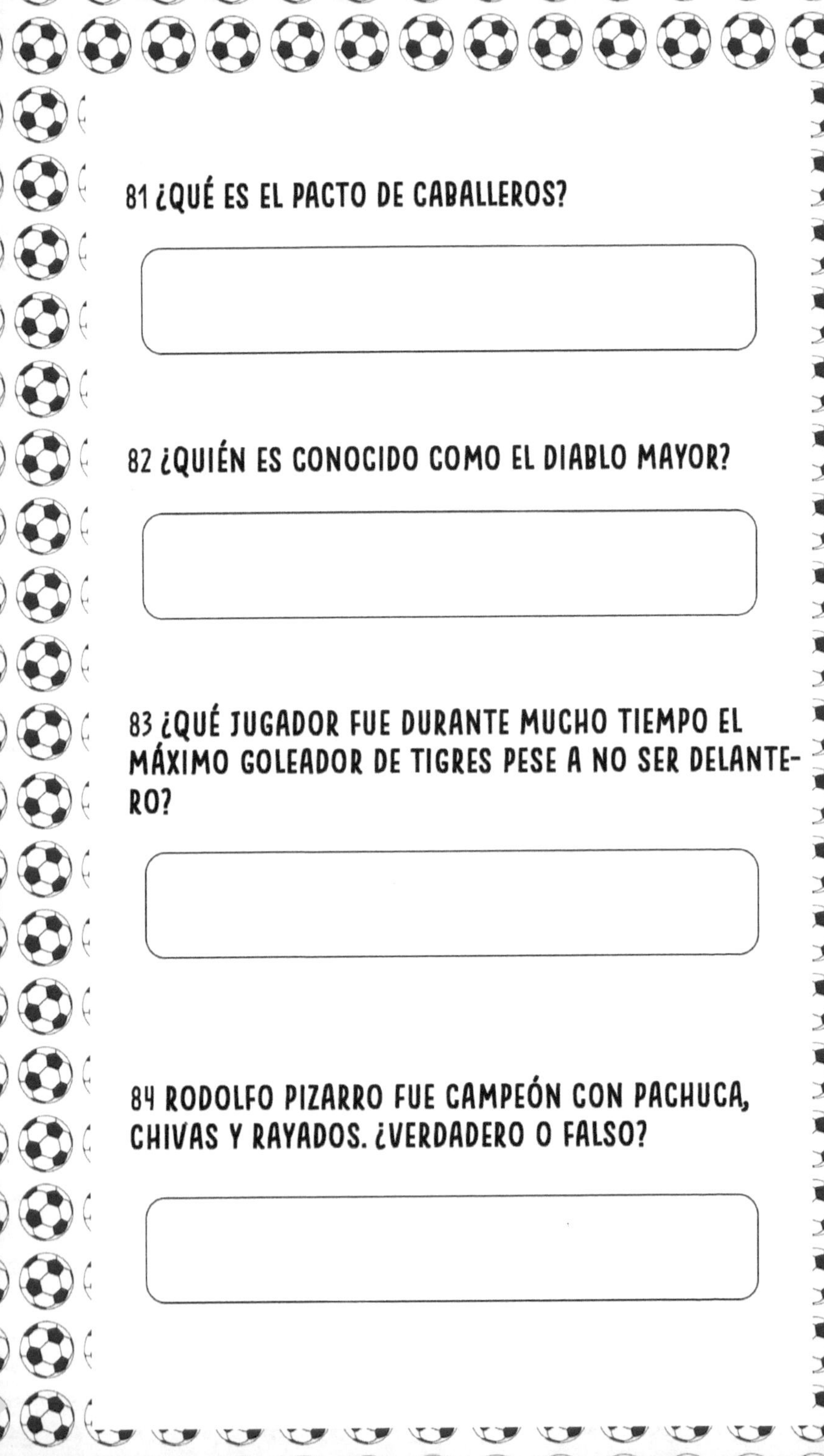

81 ¿QUÉ ES EL PACTO DE CABALLEROS?

82 ¿QUIÉN ES CONOCIDO COMO EL DIABLO MAYOR?

83 ¿QUÉ JUGADOR FUE DURANTE MUCHO TIEMPO EL MÁXIMO GOLEADOR DE TIGRES PESE A NO SER DELANTE-RO?

84 RODOLFO PIZARRO FUE CAMPEÓN CON PACHUCA, CHIVAS Y RAYADOS. ¿VERDADERO O FALSO?

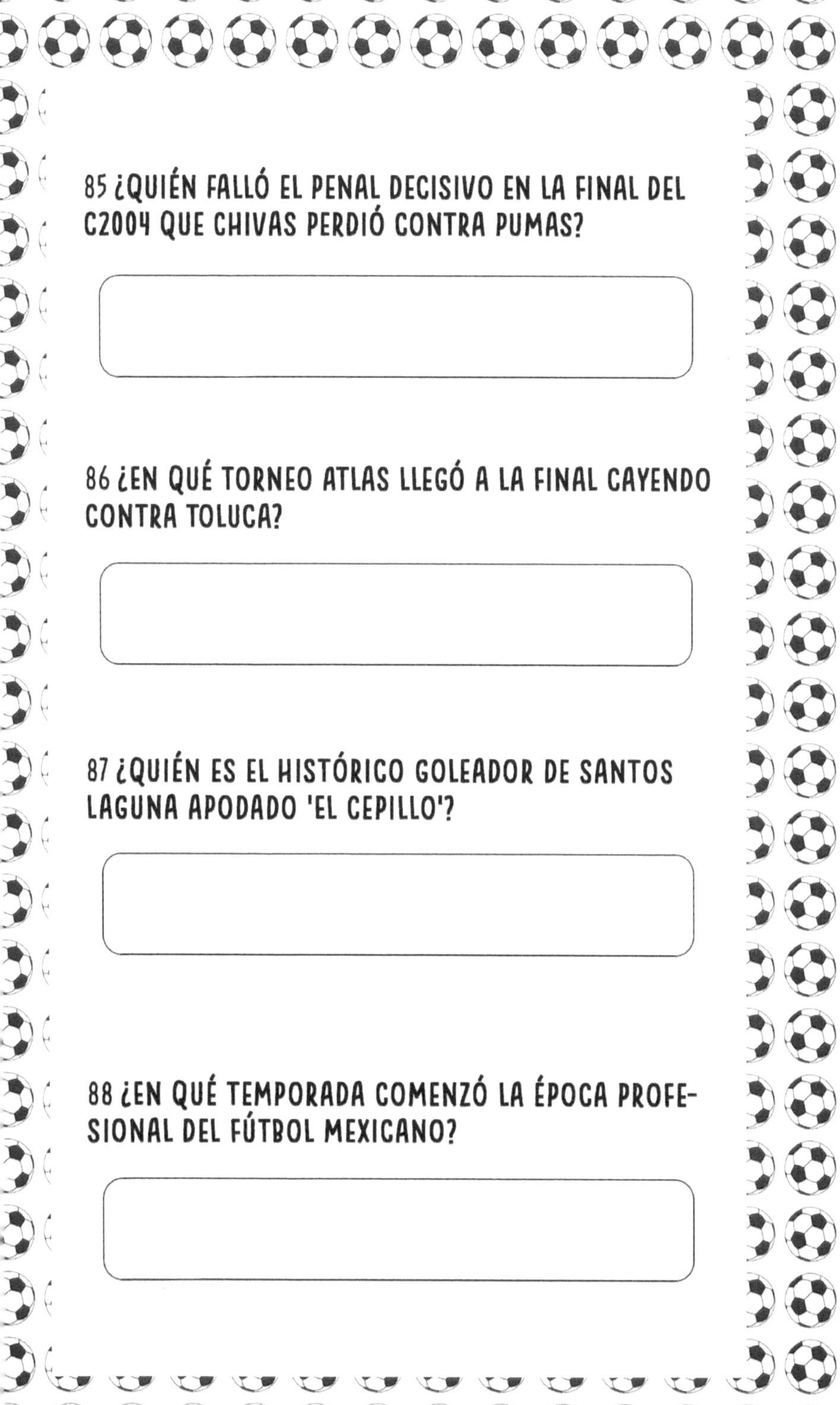

85 ¿QUIÉN FALLÓ EL PENAL DECISIVO EN LA FINAL DEL C2004 QUE CHIVAS PERDIÓ CONTRA PUMAS?

86 ¿EN QUÉ TORNEO ATLAS LLEGÓ A LA FINAL CAYENDO CONTRA TOLUCA?

87 ¿QUIÉN ES EL HISTÓRICO GOLEADOR DE SANTOS LAGUNA APODADO 'EL CEPILLO'?

88 ¿EN QUÉ TEMPORADA COMENZÓ LA ÉPOCA PROFE-SIONAL DEL FÚTBOL MEXICANO?

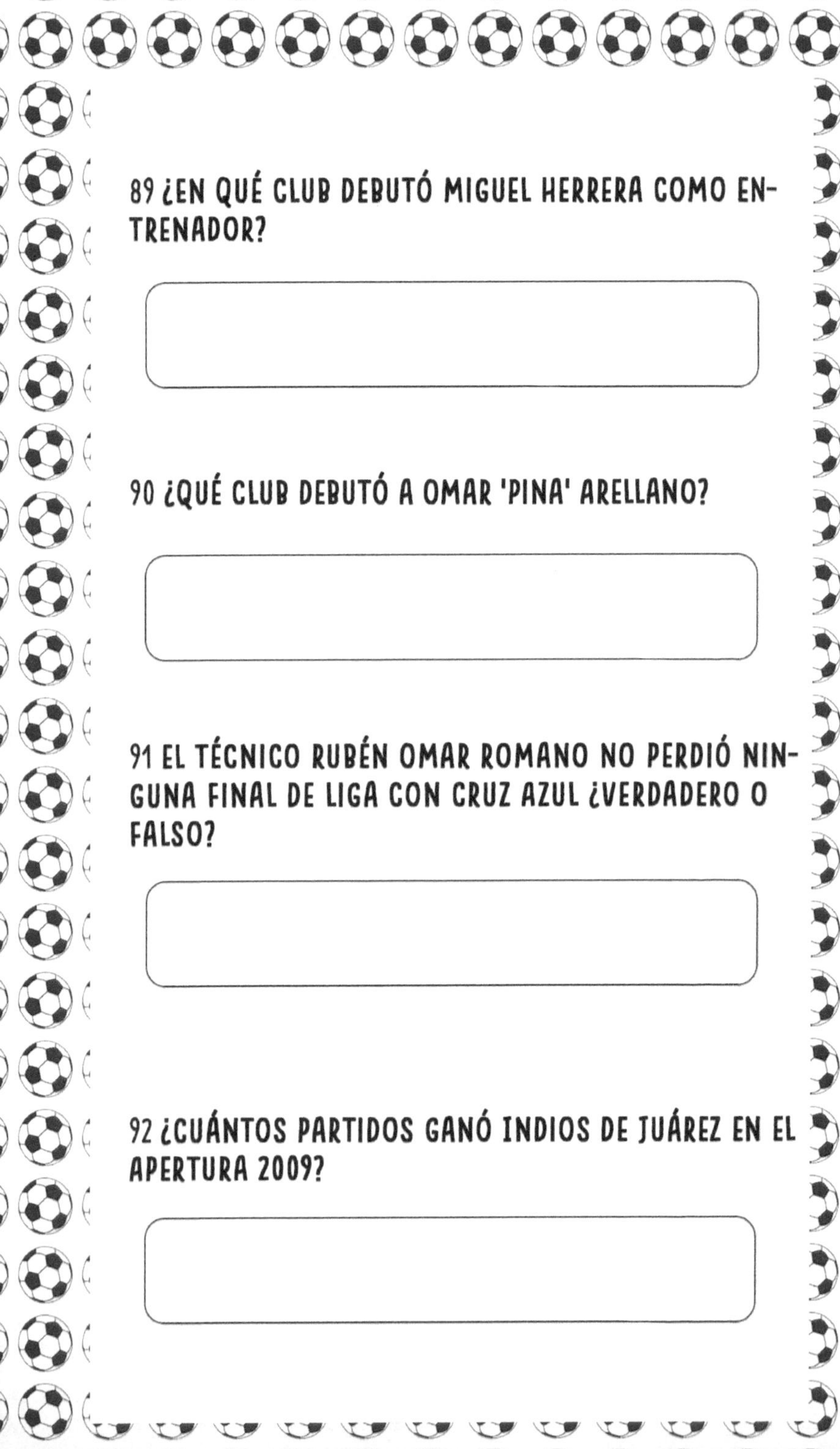

89 ¿EN QUÉ CLUB DEBUTÓ MIGUEL HERRERA COMO ENTRENADOR?

90 ¿QUÉ CLUB DEBUTÓ A OMAR 'PINA' ARELLANO?

91 EL TÉCNICO RUBÉN OMAR ROMANO NO PERDIÓ NINGUNA FINAL DE LIGA CON CRUZ AZUL ¿VERDADERO O FALSO?

92 ¿CUÁNTOS PARTIDOS GANÓ INDIOS DE JUÁREZ EN EL APERTURA 2009?

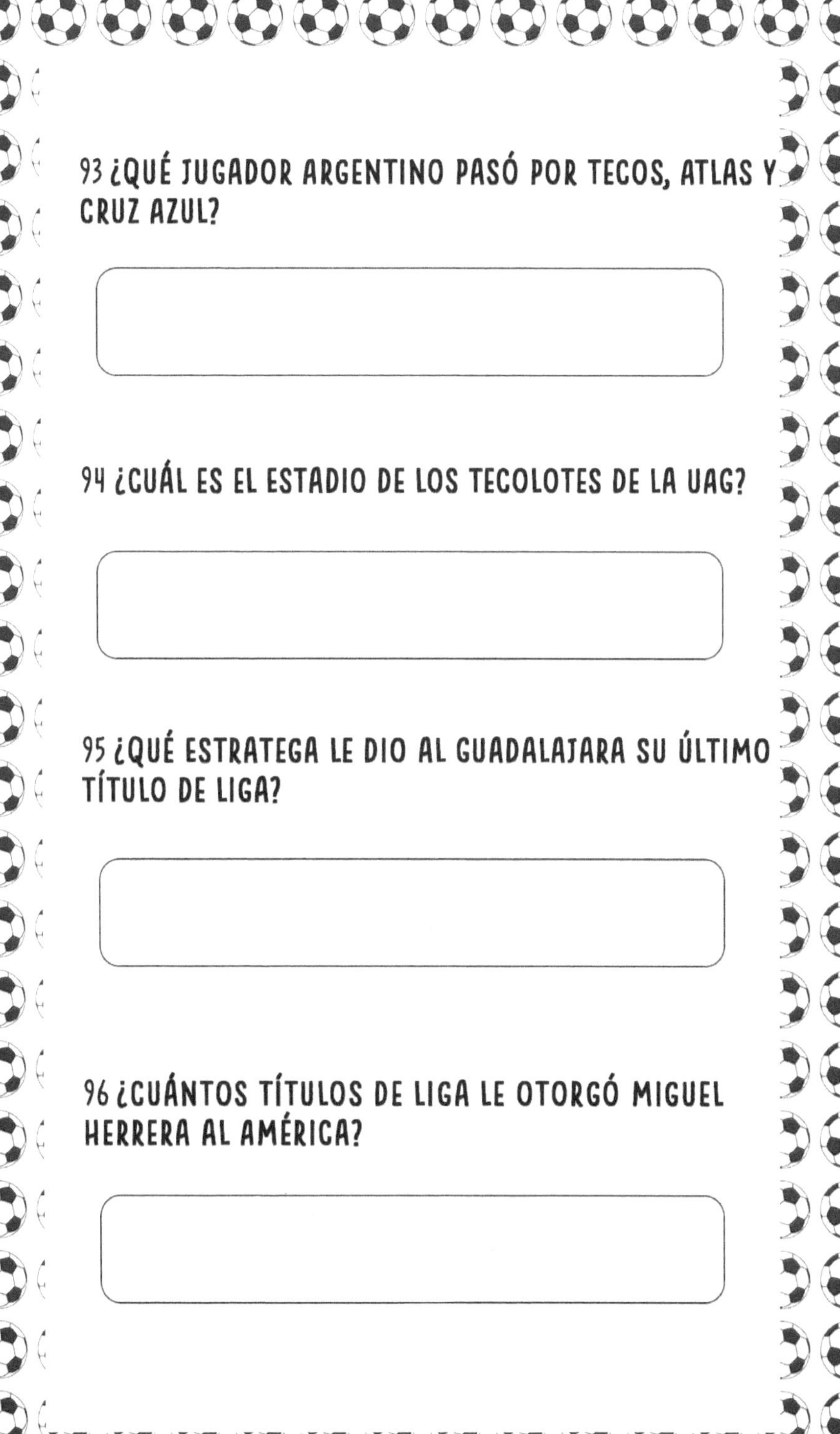

93 ¿QUÉ JUGADOR ARGENTINO PASÓ POR TECOS, ATLAS Y CRUZ AZUL?

94 ¿CUÁL ES EL ESTADIO DE LOS TECOLOTES DE LA UAG?

95 ¿QUÉ ESTRATEGA LE DIO AL GUADALAJARA SU ÚLTIMO TÍTULO DE LIGA?

96 ¿CUÁNTOS TÍTULOS DE LIGA LE OTORGÓ MIGUEL HERRERA AL AMÉRICA?

El fútbol es
la cosa
más importante
de las cosas
menos
importantes.

97 ¿A PARTIR DE QUÉ AÑO SE LE CONOCIÓ AL AMÉRICA COMO 'LAS ÁGUILAS'? ¿1981, 1971 Ó 1991?

98 FRANCISCO 'MAZA' RODRÍGUEZ ES EL ÚNICO JUGADOR QUE HA SIDO CAMPEÓN DE LIGA CON CHIVAS Y AMÉRICA. ¿VERDADERO O FALSO?

99 ¿QUIÉN ES EL MÁXIMO ROMPERREDES EN LA HISTORIA DEL ATLANTE?

100 ¿QUÉ TÉCNICO LE DIO A TECOS SU ÚNICO TÍTULO DE LIGA?

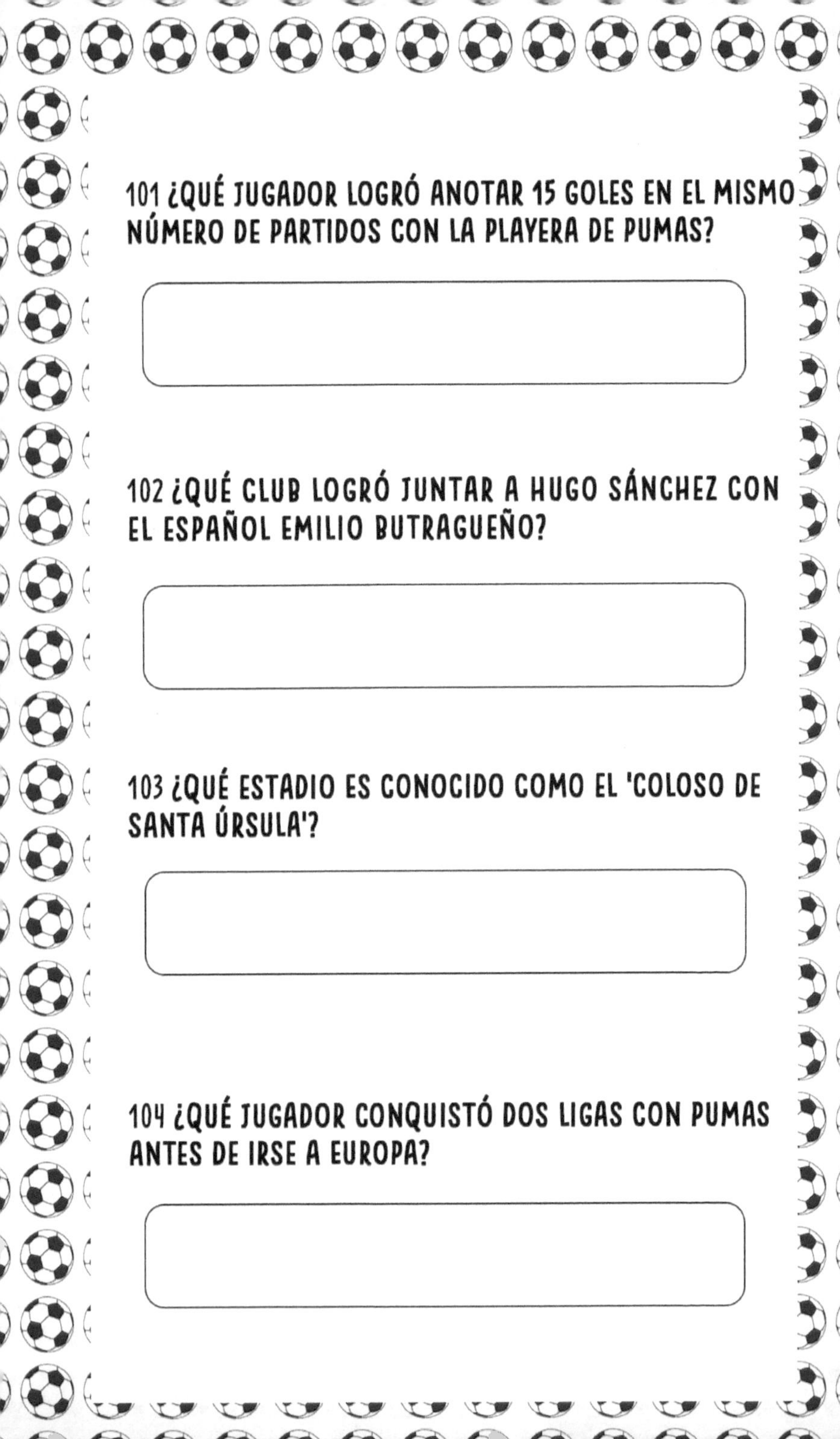

101 ¿QUÉ JUGADOR LOGRÓ ANOTAR 15 GOLES EN EL MISMO NÚMERO DE PARTIDOS CON LA PLAYERA DE PUMAS?

102 ¿QUÉ CLUB LOGRÓ JUNTAR A HUGO SÁNCHEZ CON EL ESPAÑOL EMILIO BUTRAGUEÑO?

103 ¿QUÉ ESTADIO ES CONOCIDO COMO EL 'COLOSO DE SANTA ÚRSULA'?

104 ¿QUÉ JUGADOR CONQUISTÓ DOS LIGAS CON PUMAS ANTES DE IRSE A EUROPA?

105 ¿QUÉ JUGADOR ES RECORDADO POR MARCAR EL ÚLTIMO GOL CON EL CUAL ATLANTE VENCIÓ A PUMAS EN LA FINAL DEL A2007?

106 ¿QUÉ ESCUADRA DE LA LIGA TRAJO AL ARGENTINO JULIO FURCH?

107 ¿QUIÉN ES EL MÁXIMO ROMPERREDES EN LA HISTORIA DE LAS CHIVAS?

108 ¿QUIÉN ES EL PORTERO CON MÁS MINUTOS SIN RECIBIR GOL?

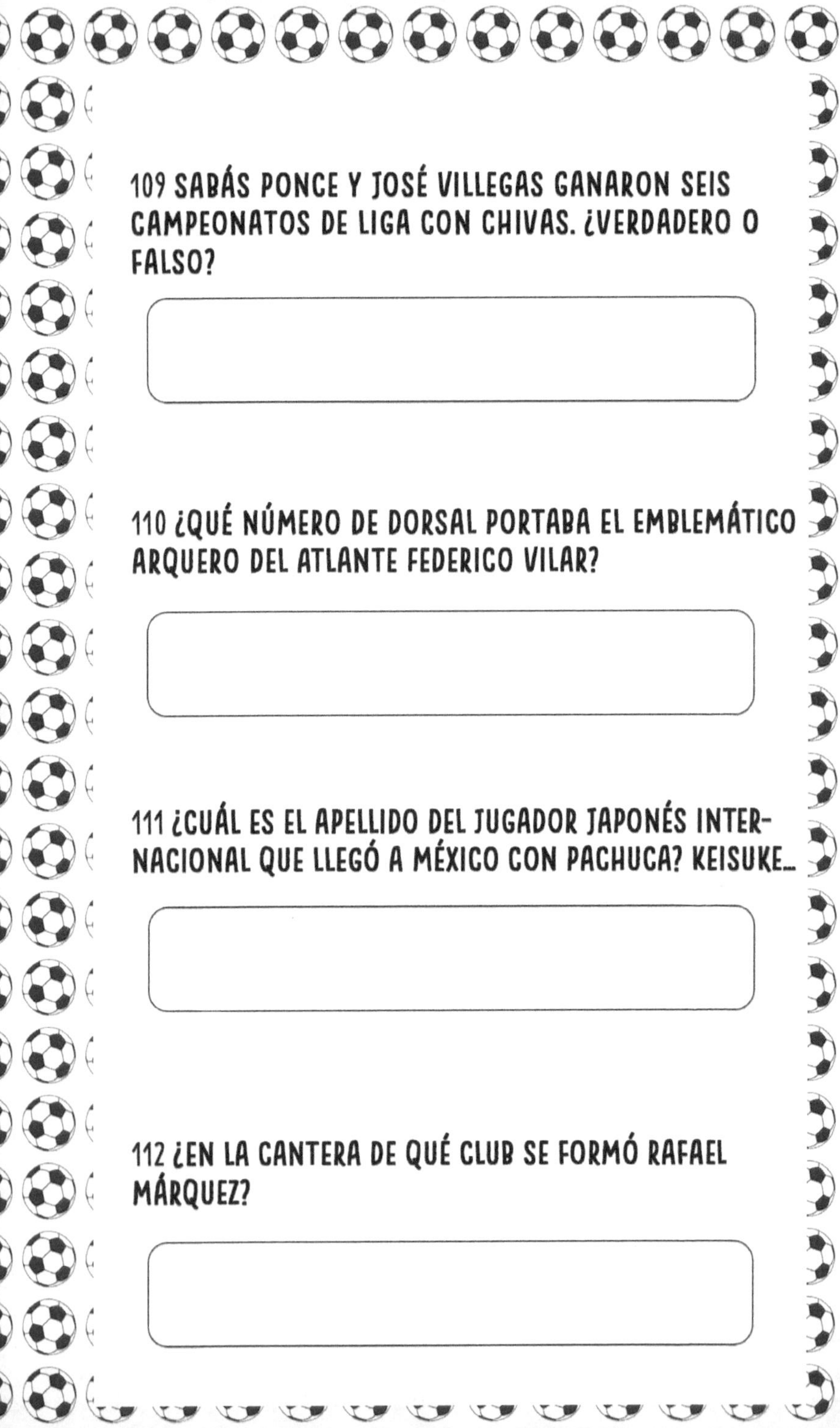

109 SABÁS PONCE Y JOSÉ VILLEGAS GANARON SEIS CAMPEONATOS DE LIGA CON CHIVAS. ¿VERDADERO O FALSO?

110 ¿QUÉ NÚMERO DE DORSAL PORTABA EL EMBLEMÁTICO ARQUERO DEL ATLANTE FEDERICO VILAR?

111 ¿CUÁL ES EL APELLIDO DEL JUGADOR JAPONÉS INTERNACIONAL QUE LLEGÓ A MÉXICO CON PACHUCA? KEISUKE…

112 ¿EN LA CANTERA DE QUÉ CLUB SE FORMÓ RAFAEL MÁRQUEZ?

El fútbol
no se
piensa,
se siente.

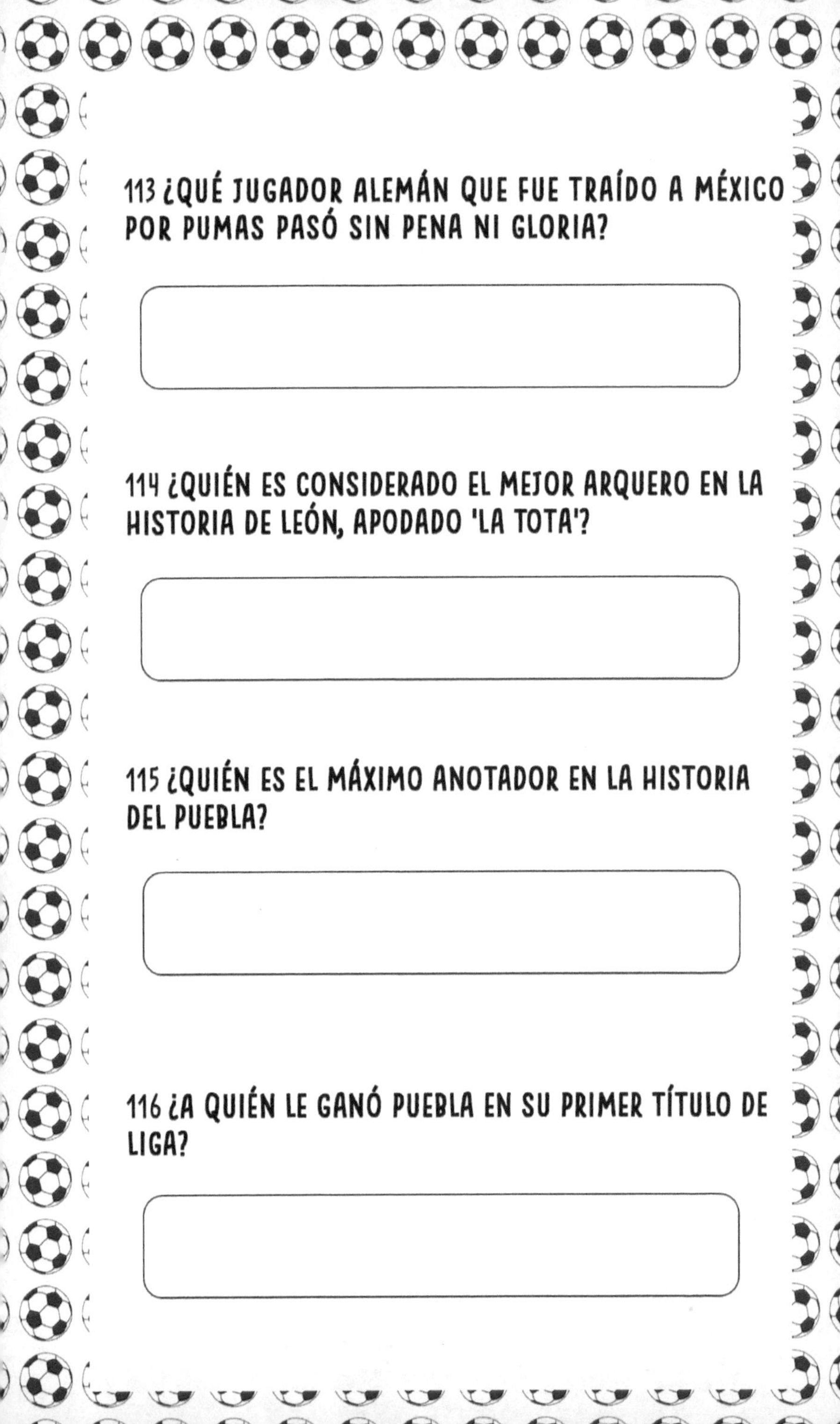

113 ¿QUÉ JUGADOR ALEMÁN QUE FUE TRAÍDO A MÉXICO POR PUMAS PASÓ SIN PENA NI GLORIA?

114 ¿QUIÉN ES CONSIDERADO EL MEJOR ARQUERO EN LA HISTORIA DE LEÓN, APODADO 'LA TOTA'?

115 ¿QUIÉN ES EL MÁXIMO ANOTADOR EN LA HISTORIA DEL PUEBLA?

116 ¿A QUIÉN LE GANÓ PUEBLA EN SU PRIMER TÍTULO DE LIGA?

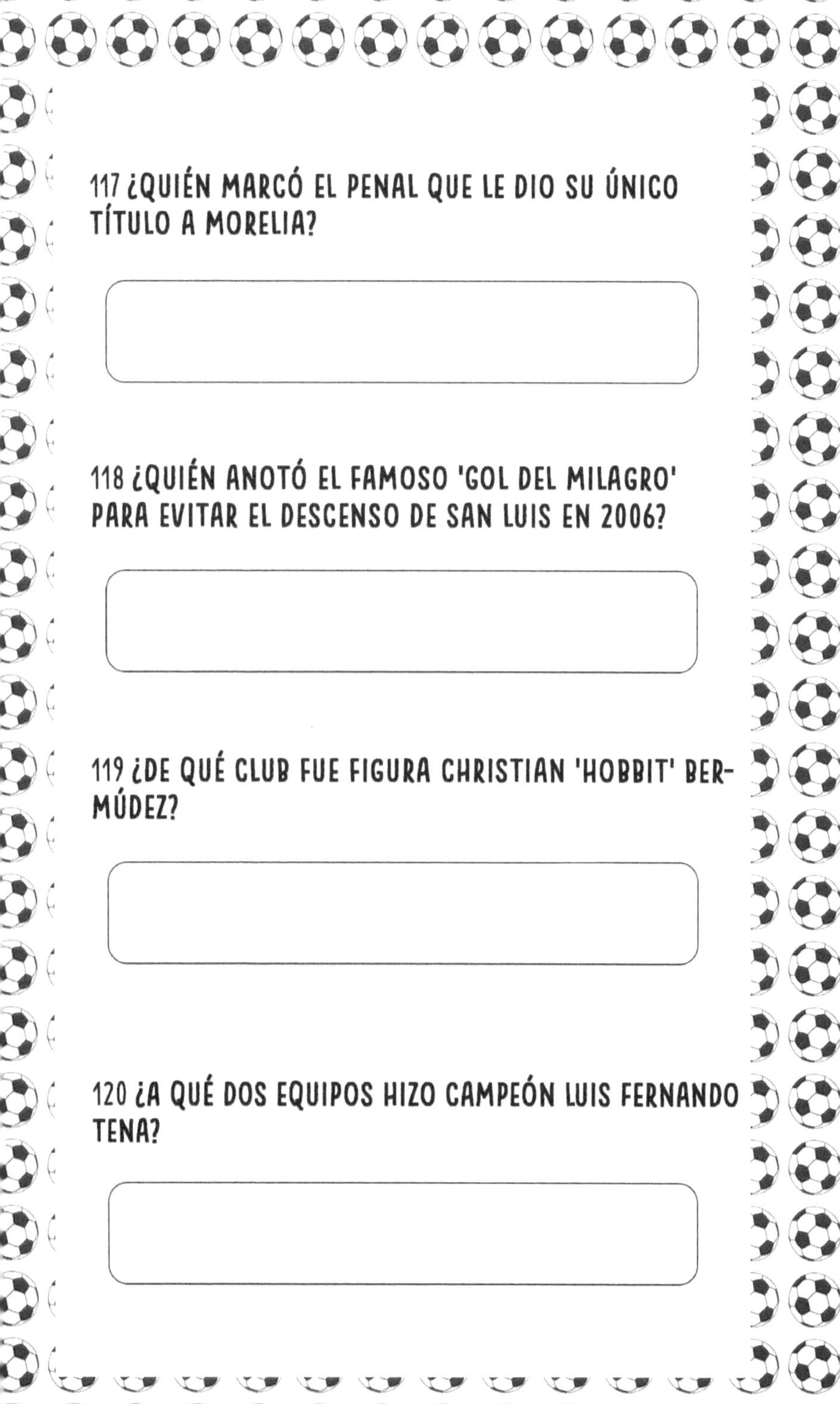

117 ¿QUIÉN MARCÓ EL PENAL QUE LE DIO SU ÚNICO TÍTULO A MORELIA?

118 ¿QUIÉN ANOTÓ EL FAMOSO 'GOL DEL MILAGRO' PARA EVITAR EL DESCENSO DE SAN LUIS EN 2006?

119 ¿DE QUÉ CLUB FUE FIGURA CHRISTIAN 'HOBBIT' BERMÚDEZ?

120 ¿A QUÉ DOS EQUIPOS HIZO CAMPEÓN LUIS FERNANDO TENA?

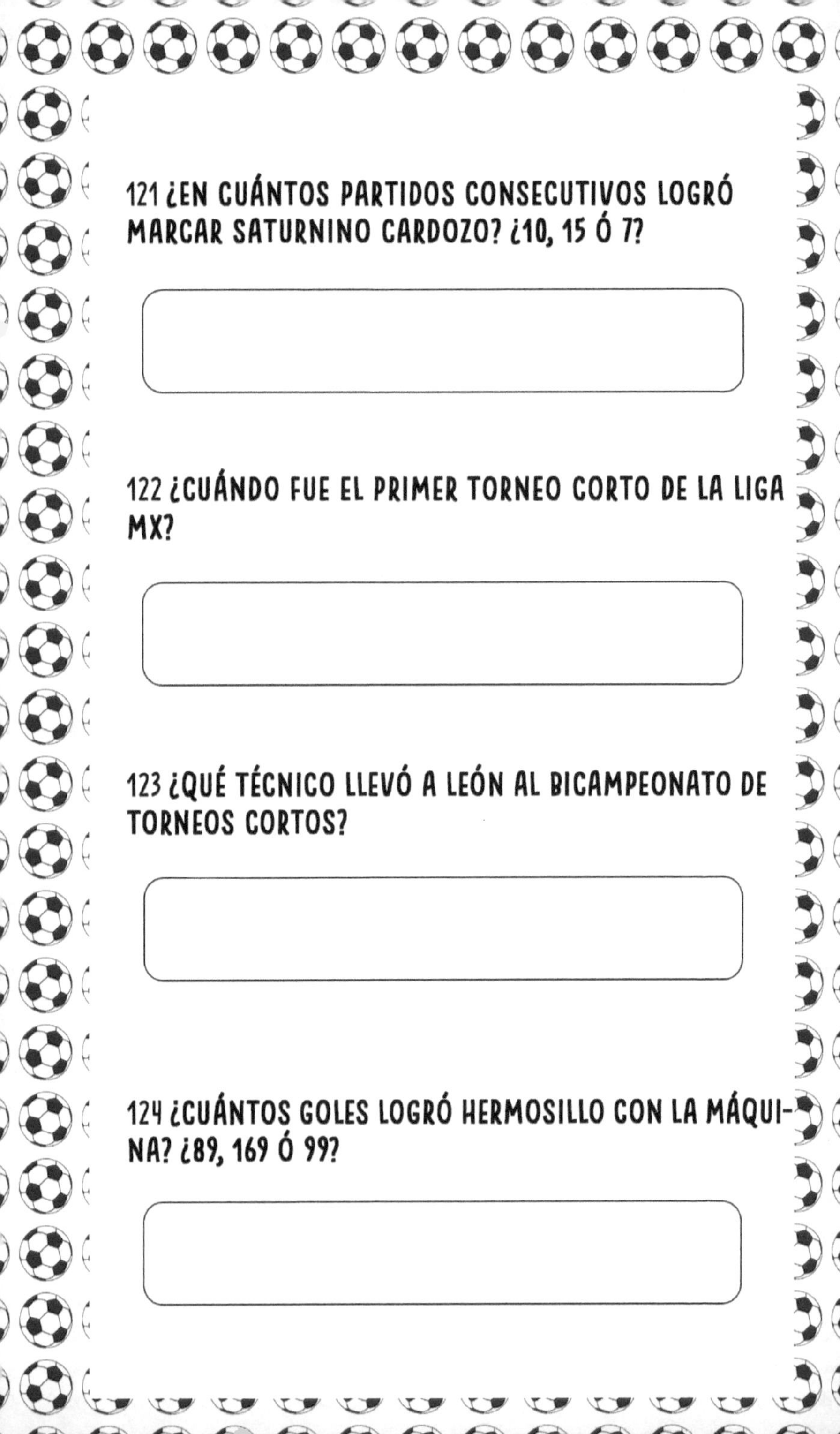

121 ¿EN CUÁNTOS PARTIDOS CONSECUTIVOS LOGRÓ MARCAR SATURNINO CARDOZO? ¿10, 15 Ó 7?

122 ¿CUÁNDO FUE EL PRIMER TORNEO CORTO DE LA LIGA MX?

123 ¿QUÉ TÉCNICO LLEVÓ A LEÓN AL BICAMPEONATO DE TORNEOS CORTOS?

124 ¿CUÁNTOS GOLES LOGRÓ HERMOSILLO CON LA MÁQUINA? ¿89, 169 Ó 99?

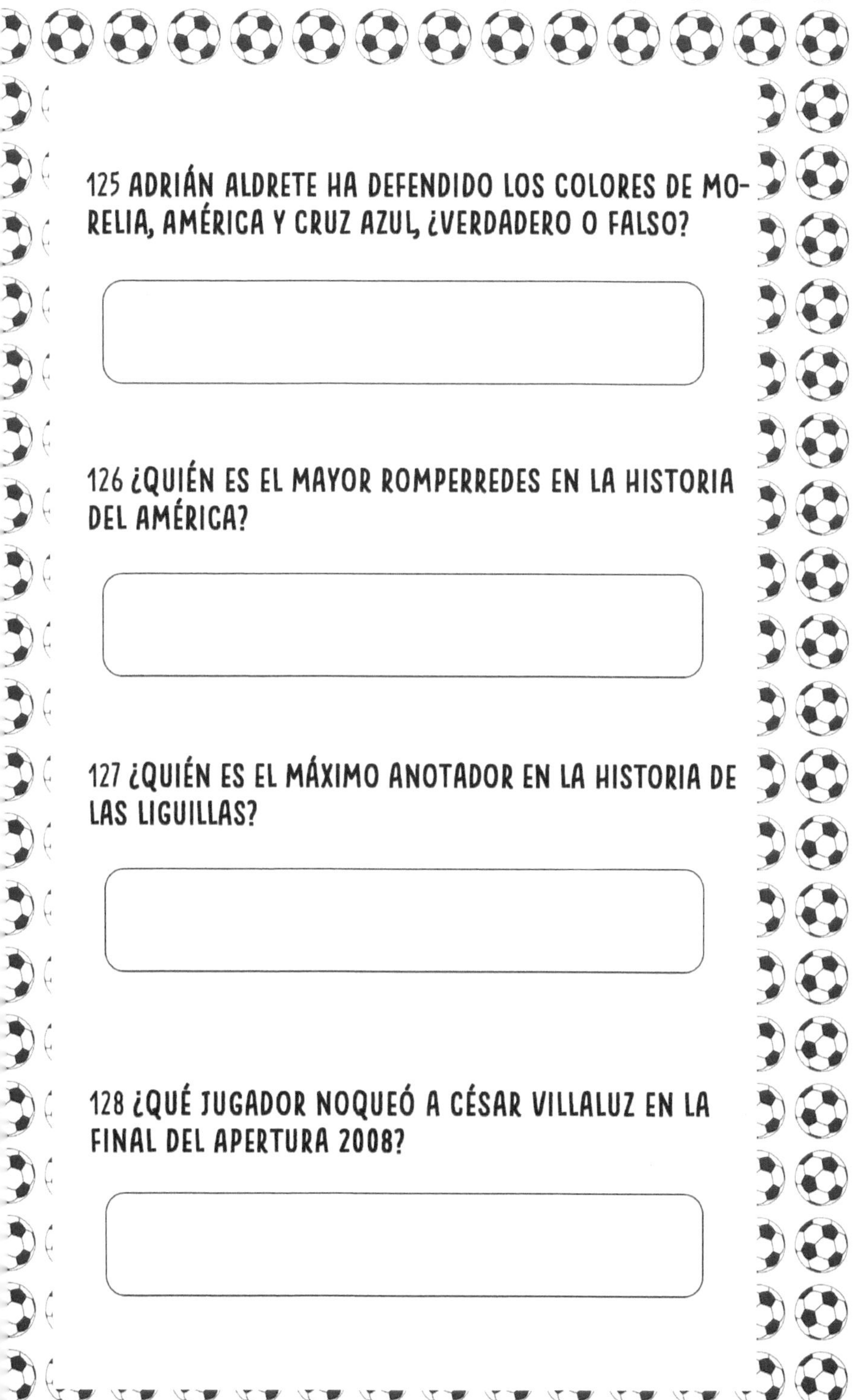

125 ADRIÁN ALDRETE HA DEFENDIDO LOS COLORES DE MO-
RELIA, AMÉRICA Y CRUZ AZUL, ¿VERDADERO O FALSO?

126 ¿QUIÉN ES EL MAYOR ROMPERREDES EN LA HISTORIA
DEL AMÉRICA?

127 ¿QUIÉN ES EL MÁXIMO ANOTADOR EN LA HISTORIA DE
LAS LIGUILLAS?

128 ¿QUÉ JUGADOR NOQUEÓ A CÉSAR VILLALUZ EN LA
FINAL DEL APERTURA 2008?

En la historia del fútbol no solo quedarán los virtuosos, sino también los luchadores.

129 ¿QUIÉN CONSIGUIÓ CINCO TÍTULOS DE LIGA CON CRUZ AZUL Y ESTUVO CERCA DE HACERLO CAMPEÓN COMO TÉCNICO?

130 ¿CUÁL ES EL CLÁSICO MÁS ANTIGUO DEL FÚTBOL MEXICANO?

131 ¿EN QUÉ AÑO SE DISPUTÓ POR ÚLTIMA VEZ EL CLÁSICO DEL BAJÍO ENTRE IRAPUATO Y LEÓN? ¿2010 Ó 2012?

132 ¿QUÉ JUGADOR LE DIO CON SU GOL SU TÍTULO ONCE SOBRE TOLUCA A CHIVAS EN EL A2006?

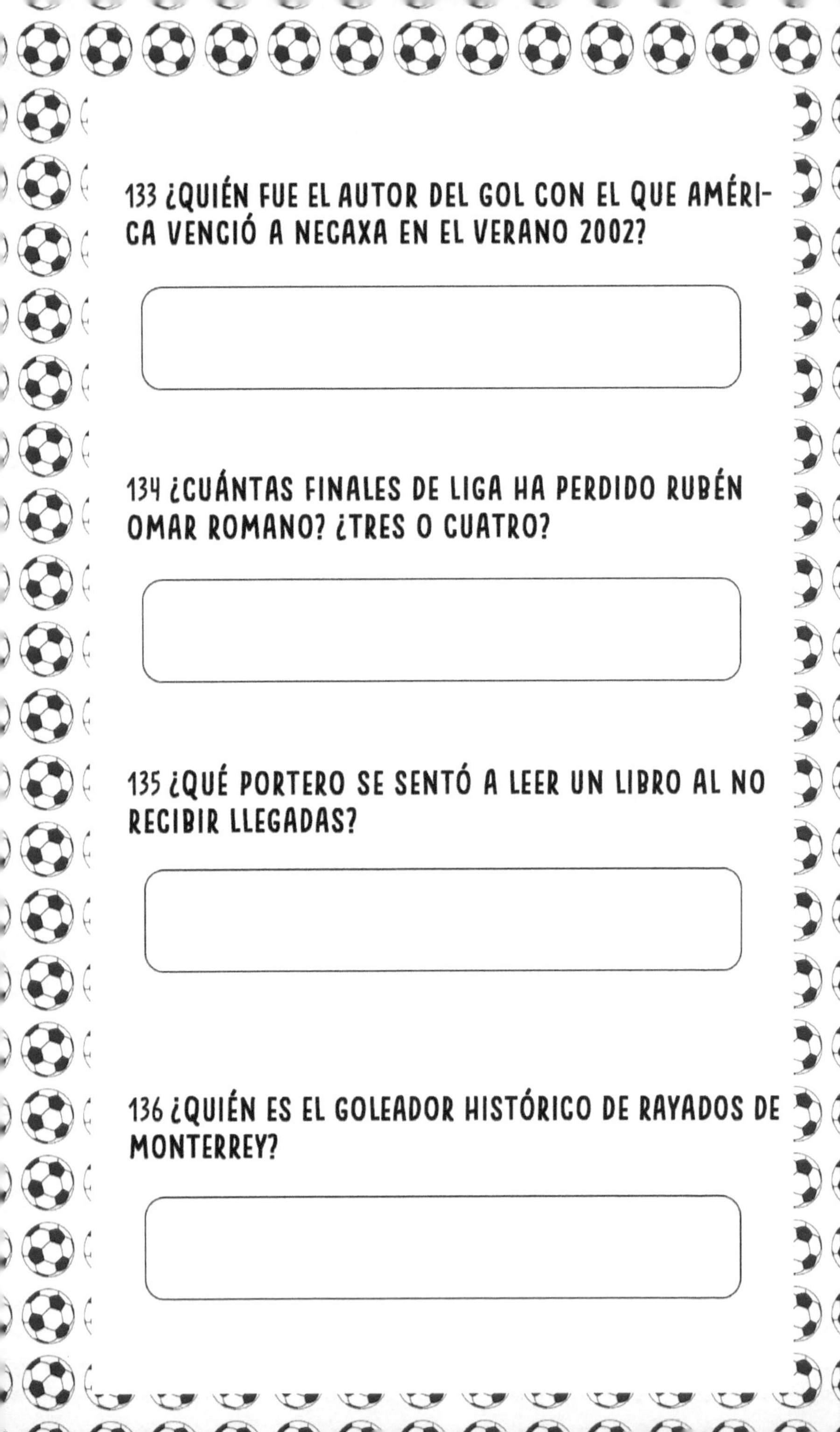

133 ¿QUIÉN FUE EL AUTOR DEL GOL CON EL QUE AMÉRICA VENCIÓ A NECAXA EN EL VERANO 2002?

134 ¿CUÁNTAS FINALES DE LIGA HA PERDIDO RUBÉN OMAR ROMANO? ¿TRES O CUATRO?

135 ¿QUÉ PORTERO SE SENTÓ A LEER UN LIBRO AL NO RECIBIR LLEGADAS?

136 ¿QUIÉN ES EL GOLEADOR HISTÓRICO DE RAYADOS DE MONTERREY?

137 ¿EN QUÉ TEMPORADA DESCENDIÓ TIGRES?

138 ¿CUÁNTOS GOLES MARCÓ JARED BORGETTI DURANTE SU ESTANCIA EN EL CLUB CHIVAS?

139 ¿QUIÉN ES EL GOLEADOR ARGENTINO QUE PASÓ POR PUMAS APODADO 'LA RATA'?

140 ¿CUÁL FUE LA ÚNICA FINAL QUE HA DISPUTADO EL SAN LUIS EN LA PRIMERA DIVISIÓN?

El fútbol es
ese deporte
en el que se
deja todo.
En el que
se juega con el
cuerpo y
con el corazón.

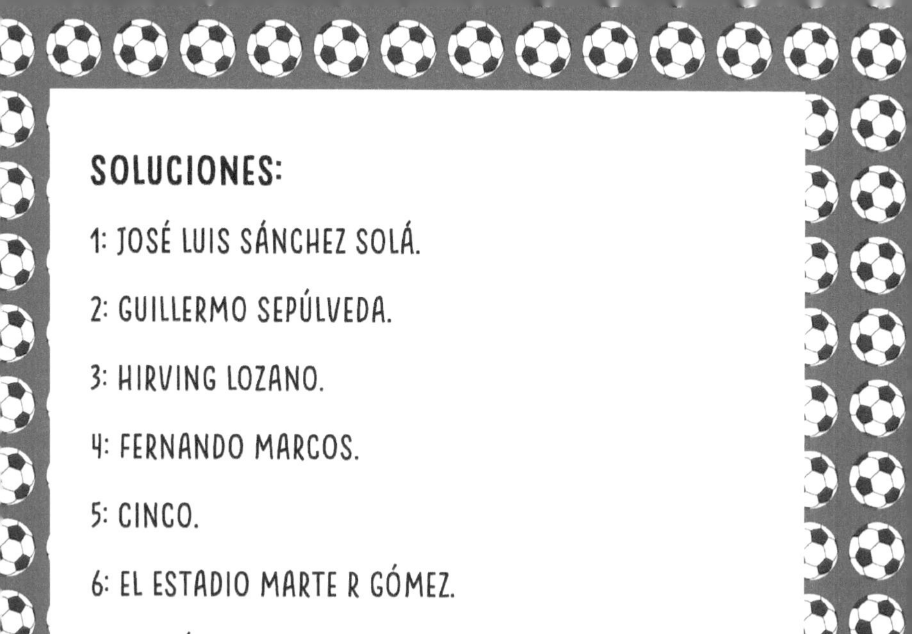

SOLUCIONES:

1: JOSÉ LUIS SÁNCHEZ SOLÁ.

2: GUILLERMO SEPÚLVEDA.

3: HIRVING LOZANO.

4: FERNANDO MARCOS.

5: CINCO.

6: EL ESTADIO MARTE R GÓMEZ.

7: HERNÁN CRISTANTE.

8: A ADOLFO RÍOS.

9: JUAN PABLO RODRÍGUEZ.

10: HORACIO CASARÍN.

11: VERDADERO.

12: NECAXA.

13: SERGIO LIRA.

14: AILTON DA SILVA.

15: EDSON ÁLVAREZ.

16: ISRAEL JIMÉNEZ.

17: 'EL NAYARITA'.

18: SIETE.

SOLUCIONES:

19: RAFAEL ALBRECHT.

20: LA PIEDAD.

21: PUEBLA.

22: EDWIN CUBERO.

23: JAVIER DE LA TORRE.

24: JOAQUÍN URREA.

25: VERDADERO.

26: FALSO, FUE EL SEGUNDO MÁXIMO ANOTADOR.

27: CARLOS MILOC.

28: RAYADOS.

29: RAFAEL MÁRQUEZ LUGO.

30: ANTONIO MOHAMED.

31: EN 1984.

32: GERARDO PEÑA.

33: VERDADERO.

34: EL 'OSO'.

35: EVANIVALDO CASTRO 'CABINHO'.

36: 706.

SOLUCIONES:

37: ESTUDIANTES TECOS.

38: SAN LUIS.

39: 1958 A 1962.

40: SANTOS LAGUNA.

41: DIEGO COCCA.

42: ÓSCAR PÉREZ.

43: FALSO.

44: VERACRUZ.

45: ESTADIO LA CORREGIDORA.

46: 1990-91.

47: MARCO Y ALEJANDRO PALACIOS.

48: CUATRO.

49: JESÚS MARTÍNEZ.

50: LA PANDILLA.

51: CUAUHTÉMOC BLANCO.

52: ESTADIO TSM CORONA.

53: MONARCAS MORELIA.

54: MARCO FABIÁN.

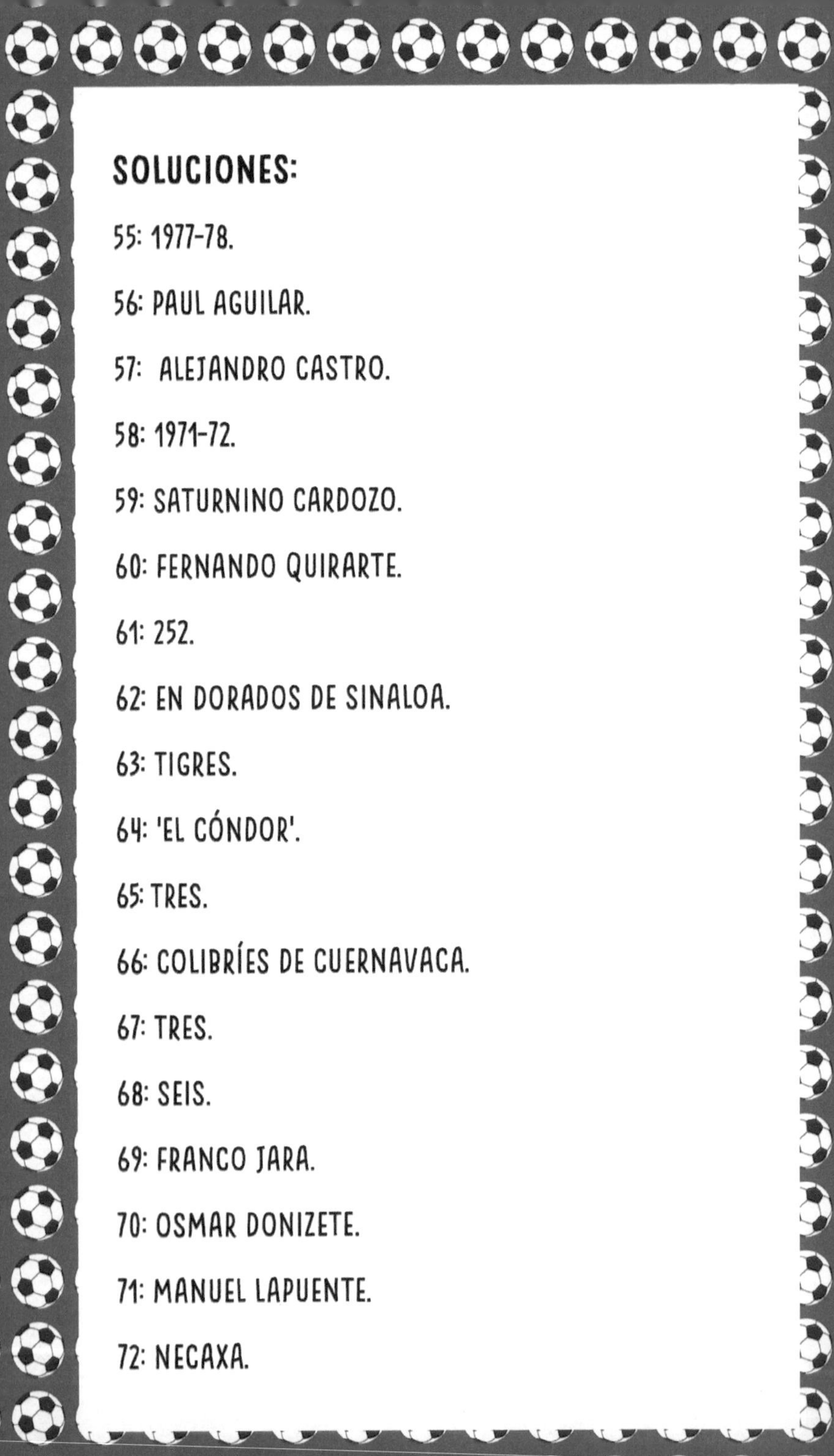

SOLUCIONES:

55: 1977-78.

56: PAUL AGUILAR.

57: ALEJANDRO CASTRO.

58: 1971-72.

59: SATURNINO CARDOZO.

60: FERNANDO QUIRARTE.

61: 252.

62: EN DORADOS DE SINALOA.

63: TIGRES.

64: 'EL CÓNDOR'.

65: TRES.

66: COLIBRÍES DE CUERNAVACA.

67: TRES.

68: SEIS.

69: FRANCO JARA.

70: OSMAR DONIZETE.

71: MANUEL LAPUENTE.

72: NECAXA.

Tu equipo de fútbol es ese amor al que le perdonas todos los errores y que siempre te hará feliz.

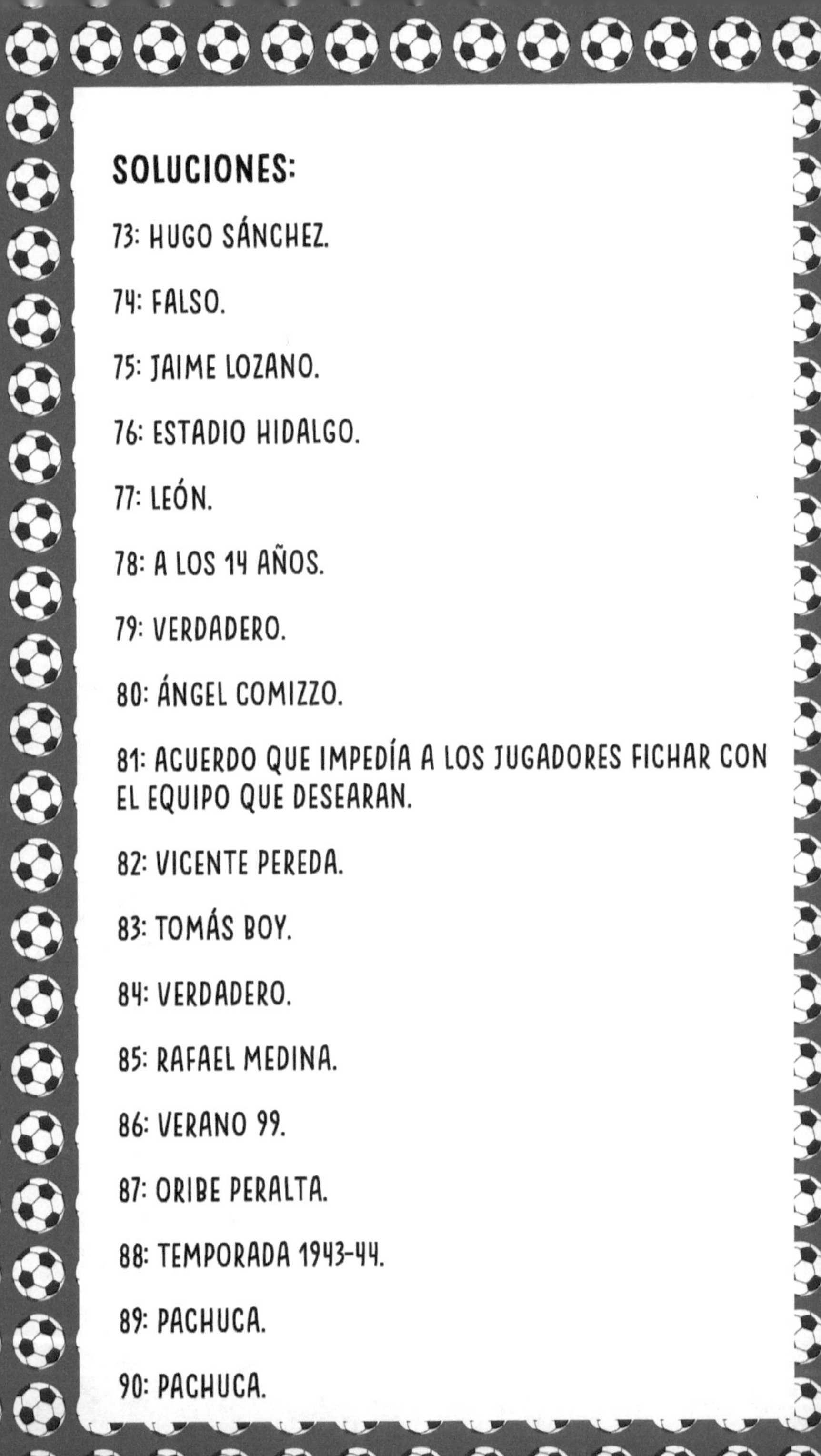

SOLUCIONES:

73: HUGO SÁNCHEZ.

74: FALSO.

75: JAIME LOZANO.

76: ESTADIO HIDALGO.

77: LEÓN.

78: A LOS 14 AÑOS.

79: VERDADERO.

80: ÁNGEL COMIZZO.

81: ACUERDO QUE IMPEDÍA A LOS JUGADORES FICHAR CON EL EQUIPO QUE DESEARAN.

82: VICENTE PEREDA.

83: TOMÁS BOY.

84: VERDADERO.

85: RAFAEL MEDINA.

86: VERANO 99.

87: ORIBE PERALTA.

88: TEMPORADA 1943-44.

89: PACHUCA.

90: PACHUCA.

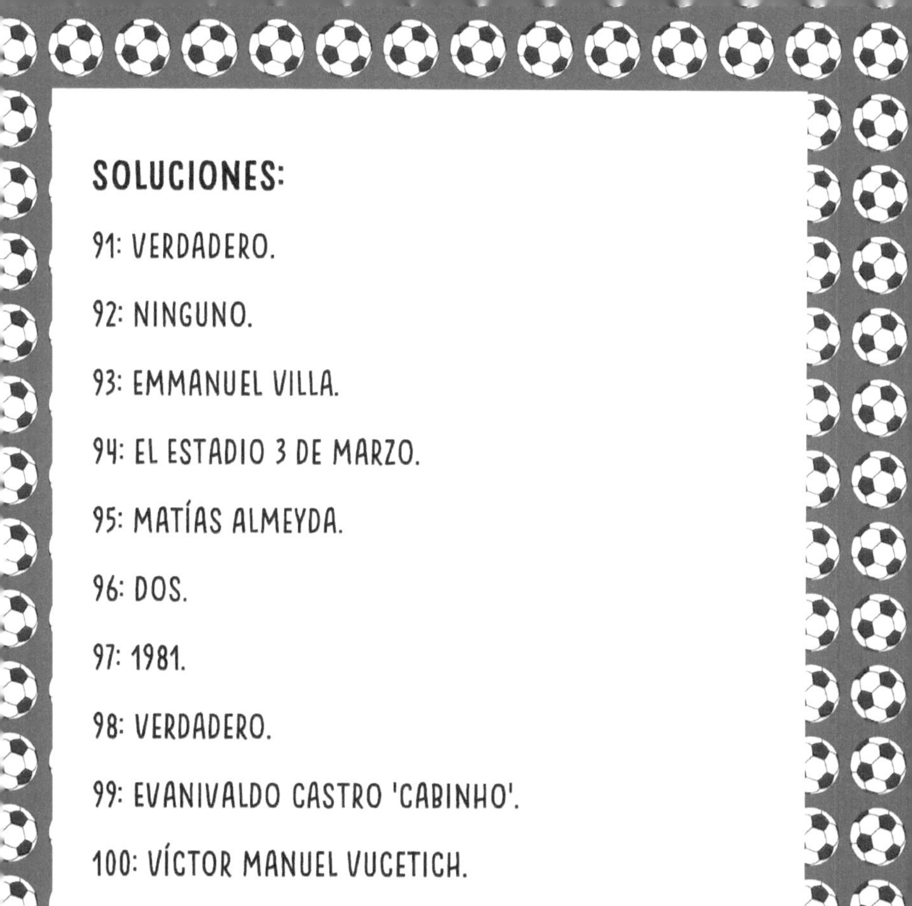

SOLUCIONES:

91: VERDADERO.

92: NINGUNO.

93: EMMANUEL VILLA.

94: EL ESTADIO 3 DE MARZO.

95: MATÍAS ALMEYDA.

96: DOS.

97: 1981.

98: VERDADERO.

99: EVANIVALDO CASTRO 'CABINHO'.

100: VÍCTOR MANUEL VUCETICH.

101: JESÚS OLALDE.

102: CELAYA.

103: ESTADIO AZTECA.

104: HUGO SÁNCHEZ.

105: CLEMENTE OVALLE.

106: VERACRUZ.

107: OMAR BRAVO.

108: HERNÁN CRISTANTE.

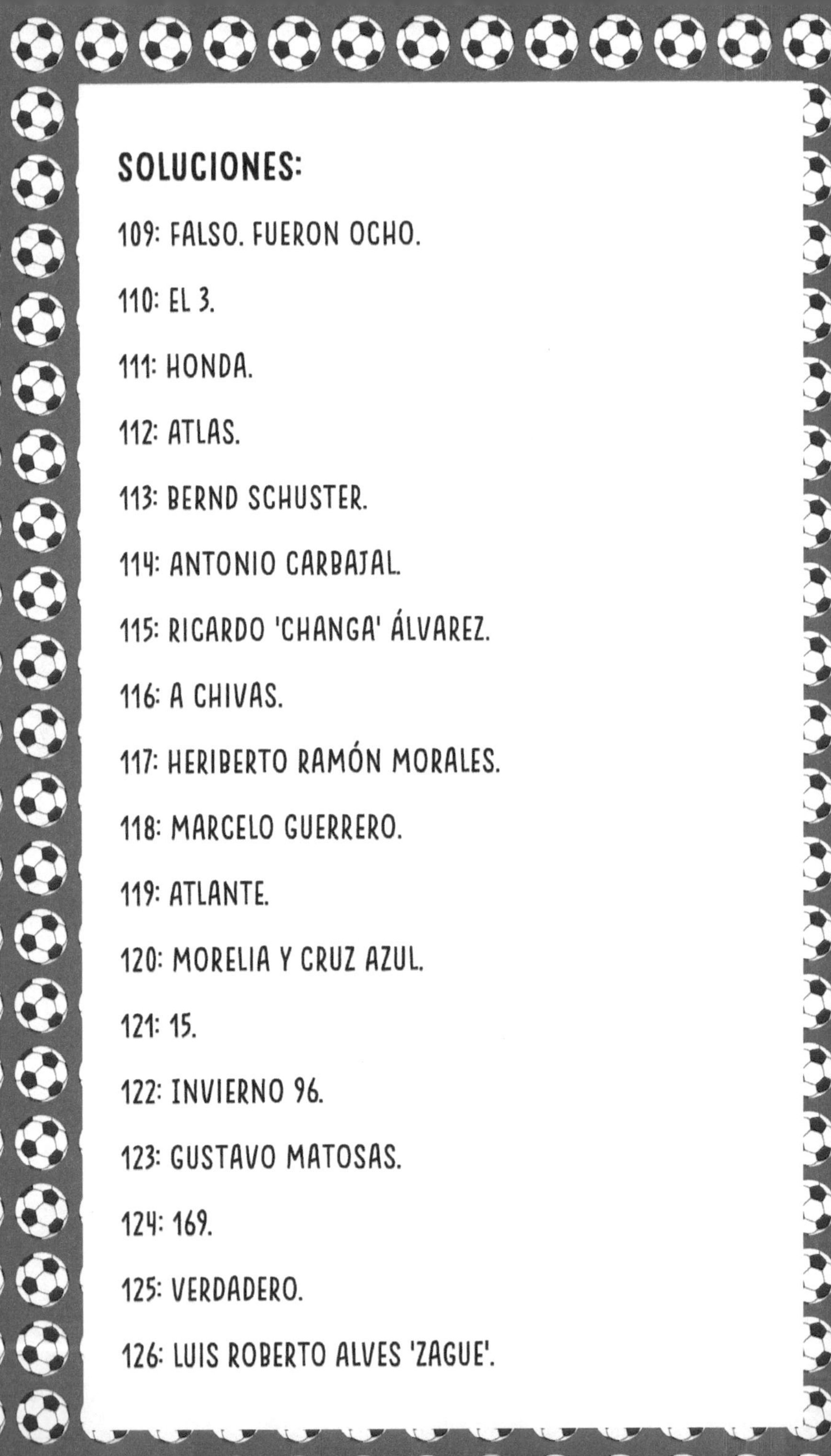

SOLUCIONES:

109: FALSO. FUERON OCHO.

110: EL 3.

111: HONDA.

112: ATLAS.

113: BERND SCHUSTER.

114: ANTONIO CARBAJAL.

115: RICARDO 'CHANGA' ÁLVAREZ.

116: A CHIVAS.

117: HERIBERTO RAMÓN MORALES.

118: MARCELO GUERRERO.

119: ATLANTE.

120: MORELIA Y CRUZ AZUL.

121: 15.

122: INVIERNO 96.

123: GUSTAVO MATOSAS.

124: 169.

125: VERDADERO.

126: LUIS ROBERTO ALVES 'ZAGUE'.

SOLUCIONES:

127: SATURNINO CARDOZO.

128: JOSÉ CRUZALTA.

129: HÉCTOR PULIDO.

130: CLÁSICO TAPATÍO.

131: 2012.

132: ADOLFO BAUTISTA.

133: HUGO NORBERTO CASTILLO.

134: CUATRO.

135: JAIME 'TUBO' GÓMEZ.

136: ROGELIO FUNES MORI.

137: 1995-96.

138: NINGUNO.

139: MARTÍN BRAVO.

140: CLAUSURA 2006.

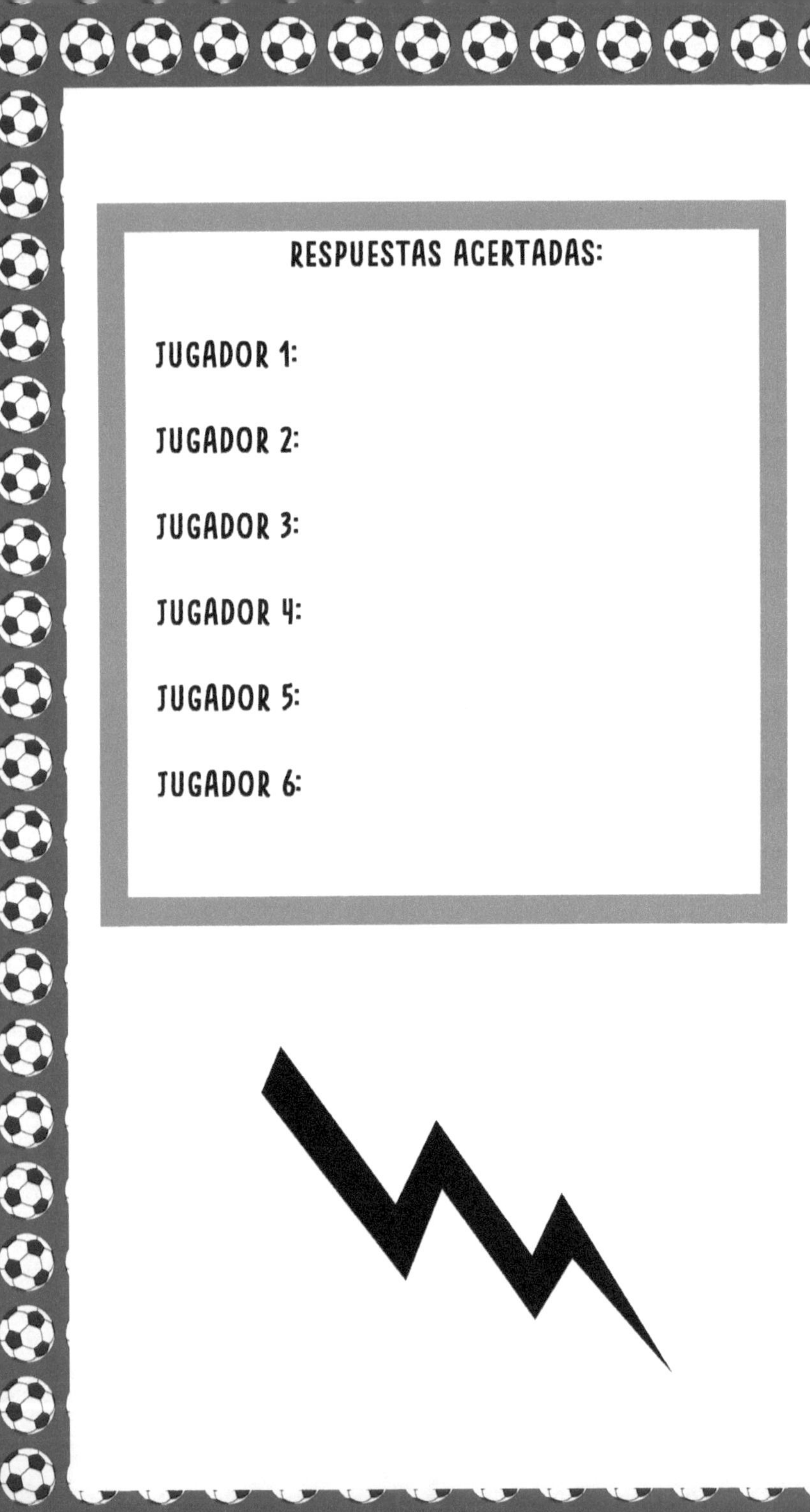

RESPUESTAS ACERTADAS:

JUGADOR 1:

JUGADOR 2:

JUGADOR 3:

JUGADOR 4:

JUGADOR 5:

JUGADOR 6:

Quien
no ama el
fútbol
no entendió
la vida.

¿CUÁNTO SABES de la LIGA MEXICANA?

www.ingramcontent.com/pod-product-compliance
Lightning Source LLC
LaVergne TN
LVHW041437170726
843492LV00008B/2655